Bruce Werber

Mantras

Bruce Werber

Mantras

Die heilende Kraft der Stimme

Mit Begleit-CD

KAILASH

Bibliografische Information der Deutschen Bibliothek

Die Deutsche Bibliothek verzeichnet diese Publikation
in der Deutschen Nationalbibliografie; detaillierte bibliografische
Daten sind im Internet unter http://dnb.ddb.de abrufbar.

Umschlaggestaltung: Weiss/Zembsch/Partner: Werkstatt/München
unter Verwendung eines Motivs von corbis/Howard Jones
Satz: EDV-Fotosatz Huber/Verlagsservice G. Pfeifer, Germering
Druck und Bindung: GGP Media GmbH, Pößneck
CD-Produktion: Optimal media production GmbH, Röbel/Müritz
Printed in Germany

ISBN 978-3-7205-6032-0

Inhalt

Vorwort

In den letzten 20 Jahren war Bruce Werber zusammen mit seiner Partnerin Claudia Fried in vielen meiner Seminare dabei, um mit Rhythmus- und Trommeleinlagen oder Mantrasingen eine dem Intellekt schwer fassbare Ebene der Erfahrung einzubringen, auf die ich keinesfalls mehr verzichten möchte. Bei so vielen Gelegenheiten konnte ich erleben, wie sehr lange durchgehaltenes gemeinsames Singen und Summen von Mantren ein Feld von Verbundenheit aufbaut, in dem sich anschließend weit besser arbeiten und denken und auch meditieren lässt. Nach solchen Erfahrungen konnte ich mir vorstellen, dass manche Völker in Afrika bei Problemen solange die Frage singen, bis sie Konsens erreichen. Die amerikanische Anthropologin Jean Houston erlebte staunend, wie auf diese Weise oft stundenlang gesungen wurde. Bereits nach einer halben Stunde Mantren singen in der Gruppe lässt sich ohne weiteres nachempfinden, das so etwas möglich und durchaus sinnvoll ist. Rational lässt es sich nicht verstehen, wie gemeinsames Singen von inhaltlich oft banalen Mantren oder in diesem Fall einer Fragestellung im Sinne von »Was sollen wir tun?« zu einer völligen inhaltlichen Übereinstimmung führen soll. Selbst unter Einbeziehung von Sheldrakes Theorien der formgebenden Felder ist das nicht leicht, aber immerhin doch denkbar. Wahrscheinlich bilden Mantren nach einer gewissen Zeit ein Feld, das mit jeder Wiederholung stabiler wird und so tatsächlich Bewusstseinsverändernde Wirkung annehmen kann. Menschen, die vorher uneins waren, können sich singend und im selben Rhythmus schwingend und atmend offenbar so auf das gemeinsame Feld einschwingen, dass sie auch zu einer gemeinsamen Einstellung und Meinung finden.

Wenn wir in unseren Fastenseminaren den Tag mit einem gesungenen und um eine Mitte getanzten Mantram beginnen und ihn mit einem ebenfalls gesungenen Mantram sitzend beenden, bauen wir jedem Tag ein Feld, das uns seit Jahren gut durch diese Zeiten der Entschlackung und Regeneration trägt. Dabei sind wir in guter

Übereinstimmung mit allen möglichen schamanistischen Traditionen dieser Welt, die sich auch mit Trommeln und Rasseln in Trance tanzen oder singen, um Felder für ihre Zwecke aufzubauen.

Das gewaltigste Feld durch Mantren, das ich bisher erlebte, baute sich aber nicht in solch einer archaischen Situation auf, sondern in der deutschen Großstadt Dortmund. Vor vielen Jahren zur Zeit der Studentenbewegung war ich mit einer Gruppe zu einem Konzert der Quilapayun, der Songgruppe der chilenischen Unidad popular, dorthin gefahren. Just an diesem Tag aber war der Putsch gegen die Regierung Allende passiert. Wir fuhren in deprimierter Stimmung trotzdem weiter und fanden in eine extrem elende Stimmung im Saal vor. Nach einiger Zeit begannen einige der Musiker, die nicht einmal wussten, ob ihre Familien noch lebten, traurige Weisen aus dem Altiplano zu spielen. Plötzlich aber erschallte aus dem Zuschauerraum der Kampfruf »Un pueblo unido jamas sera vencido – ein einiges Volk kann nie besiegt werden«. Dieser Ruf war eigentlich ein Hohn, denn das chilenische Volk war eben gerade von den Pinochet und seinem Militär besiegt worden und einig war es ebenfalls nicht. Trotzdem schwoll dieser Ruf – bald noch mit einer rhythmischen Bewegung der rechten Faust verbunden zu einem gewaltigen Gesang an.

Bruce Werber geht in seinem Buch aber noch einen Schritt weiter und widmet sich auch den inneren Mantren, die sozusagen unhörbar in einem Menschen schwingen, der sie ständig als Gedanken in seinem Bewusstsein bewegt und wiederholt. Sie können so zur bewussten Antwort zum Beispiel auf die ewig wiederkehrenden Gedankenschleifen der Depression werden.

Wenn es in deutschsprachigen Raum einen Fachmann für dieses Gebiet gibt, dann Bruce Werber, dessen Mantren-CDs schon so vielen zu neuen Sing- und Seinserfahrungen verholfen haben und aus unseren Seminaren nicht mehr wegzudenken sind.

Ich wünsche ihm mit diesem grundlegenden Buch den verdienten Erfolg!

Ruediger Dahlke, Bad Kohlgrub im November 2007

Einleitung

»Mantras sind Medizin.« Diesen Satz las ich erstmals bei Rudolf Steiner, dem großen Pionier der alternativen Heilmethoden. Ebenso wie beispielsweise der Schamanismus scheinen uns Mantras oft fremd, religiös und recht weit vom Alltagsleben der meisten Menschen entfernt zu sein. Wenn man sich jedoch mit ihren Ursprüngen und Hintergründen zu befassen beginnt, offenbart sich Erstaunliches: Mantras können religiös, müssen dies aber keineswegs sein, sie werden ebenso oft mit der inneren wie mit der äußeren Stimme rezitiert, und nicht zuletzt sind sie ein elementarer Bestandteil der modernen Psychotherapie. Im Rahmen eines Forschungsprojektes in Lateinamerika begann ich mich vor 20 Jahren erstmals mit ihnen zu beschäftigen. Auch ich hatte lange Zeit äußerst eindimensionale Vorstellungen darüber, was Mantras sind oder sein können. Als ich intensiver zu forschen begann, wurde für mich erkennbar, dass ich es ebenso mit einem uralten wie mit einem brandneuen Lebenshilfekonzept zu tun hatte – mit einer umfassenden Erfahrungslehre, die in ihrer Dimension durchaus mit Themen wie Meditation oder Schamanismus vergleichbar ist.

Die ermüdenden Diskussionen darüber, was genau man als Mantra bezeichnen könne und was nicht, interessierten mich noch nie sonderlich. Doch ich begann so viele Daten und Fakten wie nur möglich zu sammeln, wobei ich die Methoden der so genannten Rhythmusforschung anwandte, bei der es weniger um das Mantra an sich, sondern vielmehr um seine Wirkung auf den Gehirnstoffwechsel und die seelisch-geistige Verfassung des Menschen geht. Fast alle, die ich befragte, ob nun brasilianische und kubanische Schamanen, Jesuiten-Priester, indianische Heiler, afrikanische Griot- und Santeria-Priester, westliche Psychotherapeuten, klinische Psychologen, Gehirnforscher und Quantenphysiker, indische Sufi-Meister und japanische Zen-Mönche, bezeichneten ihre »Weisheitssätze«, die Aussagen im Zentrum ihrer Arbeit, als Mantras. Das Wort »Mantra« ist international geworden und hat sich seit einigen Jahrzehnten weit über seinen ursprünglich indischen Kulturkreis (in dem es eigentlich nur in religiösem Zusammenhang bekannt war) hinaus in die Welt ausgebreitet. Dass dies so ist, kann man schnell nachvollziehen, indem man den Begriff »Mantra« in eine Internet-Suchmaschine eingibt: Von den rund drei Millionen Treffern scheint nur ein kleiner Teil auf religiöse Inhalte bezogen, ansonsten wird das Wort in fast allen Lebensbereichen verwendet, insbesondere auch von Marketing-Strategen.

Nach zehn Jahren Recherche, in denen ich auch vier CDs mit mantrischer Musik veröffentlicht habe, schrieb ich nun dieses Buch, das in erster Linie als Lebenshilfe-Buch verstanden sein will.

Mein Weg zu den Mantras

Bereits während meines Studiums in Puerto Rico, Anfang der 80er Jahre, kam ich mit der heilenden Kraft von Mantras in Kontakt. Ich hatte die große Chance, am einzigen Musik-Konservatorium der Welt lernen zu können, das neben Rhythmik, also der Lehre vom strukturellen Aufbau des Rhythmus, auch Rhythmusforschung unterrichtete – eine neue Wissenschaft, welche die Wirkung des Rhythmus auf das Gehirn und die seelische Ausgewogenheit des Menschen untersuchte. Sie begann sich damals gerade zu etablieren, vor allem dank der Bemühungen und des finanziellen Engagements von Mikey Hart, des Schlagzeugers der Rockgruppe *The Greatful Dead.* Seine Methode war ebenso einfach wie effektiv, er nannte sie die »University greedy research method« (zu Deutsch in etwa: »Universitäts-Gier-Forschungs-Methode«), ganz nach dem Motto: »Lege viel Geld auf den Tisch, bitte um eine seriöse Forschungsarbeit und stelle den Forschern weitere Gelder in Aussicht.« Auf diese Weise wurden innerhalb von nur sieben Jahren die Psycho-Neuro-Immunologie (kurz gesagt: die Wissenschaft über den Einfluss von inneren Bildern und Gefühlen auf das Genesungsgeschehen) sowie die Rhythmusforschung zu etablierten – weil mit Statistiken untermauerten – Wissenschaften.

Das Konservatorium von Puerto Rico erwies sich als ideales Experimentierfeld für die Forscher, denn die Insel war als eine der letzten US-Kolonien vollständig an das amerikanische Universitätssystem angeschlossen, hatte mit Jovanni Hidalgo und Cachette Maldonado die wohl virtuosesten Trommelmusiker dieser Zeit, und es war berühmt dafür, Rhythmus auf ganzheitlichen, weit über die Trommeln hinausreichenden Wegen zu vermitteln. Es gab Forschungsgruppen über Schamanismus, Santeria (die magischen Rhythmen des kubanischen Santeria-Kultes) sowie Grundlagenworkshops über Gehirnforschung und Polyrhythmus.

So kam es, dass ich morgens in die Aula des Konservatoriums schlenderte und, an Stelle von Noten, das Modell eines menschlichen Gehirns an der Tafel sah. 40 junge Männer saßen davor und versuchten, den Gehirnstoffwechsel und dessen Auswirkungen zu verstehen. In den folgenden Wochen fragte man sich, welche seltsamen Moden unter den puerto-ricanischen Salsa-Bands um sich griffen: die Percussionisten spielten plötzlich nicht mehr mit Latino-Hüten, sondern mit Gehirnstrommessungssensoren auf dem Kopf. Die dabei erfassten Daten waren Teil unseres Forschungsprojektes und wurden täglich ausgewertet. Nach kurzer Zeit waren die Sensoren Mode geworden und auch Percussionisten, die gar nicht zu unserer Forschungsgruppe gehörten, gingen mit diesen seltsamen Drähten auf dem Kopf auf die Bühne. Im Konservatorium entstand eine täglich wachsende Datenbank mit Messungen über die Wirkungsweise des Rhythmus auf das menschliche Gehirn, zeitgleich geschah dies auch an den Universitäten von Berkely, Havard und Standfort.

Ein entscheidender Wandel in den Gehirnstrommustern entstand nun immer dann, wenn die Gesänge begannen. Ähnlich wie in der sakralen Musik Mitteleuropas haben afro-puerto-ricanische Gesänge einen »repetitiven Charakter«, das heißt, man singt ein und denselben Satz immer und immer wieder. Während man dies in der Salsa-Musik noch ansatzweise erkennen kann, in der der so genannte Montuno, also der Refrain des Stückes, zwischen 20- und 40-mal wiederholt wird, kann es in der echten afro-puerto-ricanischen Musik, »Bomba« und »Plena«, durchaus vorkommen, dass derselbe Satz 90 Minuten lang gesungen und damit über 200-mal wiederholt wird. Besonders auffällig war in den Untersuchungen, dass nach etwa einer Stunde erhebliche Veränderungen in den Gehirnstrommustern der Musiker auftraten. Wir konnten immer wieder das gleiche Phänomen beobachten: Wenn ein Musiker einen Satz lange wiederholte, nahm die Durchblutung des linken Frontalkortex deutlich zu. Das hat zur Folge, dass Ängste gedämpft und der mentale Lärm, das zwanghafte Denken, stark reduziert werden.

Für mich war die Erkenntnis, dass ein immer wiederholter Satz einen so starken Einfluss auf unseren Gehirnstoffwechsel und damit unser gesamtes Gefühlsleben haben kann, entscheidend. Die repetitiven Gesänge begegneten mir fortan auf allen meinen Reisen – nach Kuba, Brasilien und Westafrika ... und schließlich fand ich heraus, dass es eine kulturübergreifende Bezeichnung für sie gab: Mantras.

Ich begann zu verstehen, dass Mantras jenes Element der menschlichen Kultur sind, das als die wahre Weltsprache bezeichnet werden kann, denn es gab sie zu allen Zeiten und ausnahmslos jede Kultur kannte und kennt sie. Dabei scheint es relativ gleichgültig zu sein, in welcher Form sie rezitiert werden, ob man sie singt, spricht, murmelt oder mit der inneren Stimme rezitiert, jede Kultur und Epoche hat hier eigene Vorlieben und Traditionen. Entscheidend scheint lediglich die Häufigkeit des Rezitierens sowie die damit verbundene Bewusstheit beziehungsweise Intensität zu sein.

Für unsere moderne westliche Kultur bieten sich heute beide Formen an: Das innere Rezitieren lässt sich sehr viel einfacher anwenden, denn lautes Sprechen ohne ein Gegenüber wirkt seltsam, es ist nur zu empfehlen, wenn man allein ist. Das innerliche Mantra-Sprechen kann daher wie eine Art Rescue-Tropfen für die Seele bei Lebenskrisen genutzt werden, während das laute Sprechen und Singen von Mantras – obgleich ebenfalls bei Krisen wirksam – vorwiegend den freien Ausdruck, die Stimmbildung und die Selbstverwirklichung unterstützen kann. Nachdem ich mich mehrere Jahre lang vorwiegend mit gesungenen Mantras befasst hatte, hatte ich schließlich das Glück (welches ich freilich damals als großes Unglück empfand), in eine schwere Lebenskrise zu fallen, während der all meine bis dahin bewährten Selbsthilfekonzepte versagten. Scheinbar aus dem Nichts erinnerte ich mich schließlich jedoch an meine Forschungen und begann die recherchierten Methoden an mir selbst zu erproben, diesmal vor allem jene Mantras für die innere Stimme. Die hohe Wirksamkeit erstaunte und faszinierte mich, und es erschien mir regelrecht absurd, dass so wenige Menschen mit dieser außerordentlichen Medizin, über die wir alle in unserem Inneren verfügen, vertraut sind.

In diesem Buch möchte ich Ihnen zeigen, was ich während all meiner Reisen und auch während meiner Krise, die mein Leben tief beeinflusst hat, über Mantras und ihre Wirkung lernen konnte. Es geht weit über das hinaus, was Sie bislang vielleicht mit dem Begriff »Mantra« verbunden haben. Und es ist auch ein sehr persönlicher Erfahrungsbericht darüber, wie ich lernte, mich ganz nach dem Vorbild des Barons von Münchhausen am eigenen Schopf aus dem Sumpf zu ziehen. Ich hoffe, damit Menschen, die durch eine Lebenskrise gehen müssen, helfen zu können. Denn neben einigen anderen Eigenschaften sind Mantras vor allem eines: Medizin für die Seele.

Bruce Werber
Johanniskirchen, Dezember 2007

Was sind Mantras?

Alle Sätze und Lebensweisheiten, die man oft wiederholt, lassen sich als Mantra bezeichnen, wobei es gleichgültig ist, ob man sie mit der inneren oder der äußeren Stimme spricht. Der ursprüngliche Sanskrit-Begriff hat im Laufe der Zeit über die moderne Psychologie- und Selbsterfahrungsszene seinen Weg in unsere Alltagssprache gefunden. Wir wissen heute: Jeder Mensch rezitiert täglich seine ganz individuellen Mantras, sei es nun in optimistischer oder pessimistischer Form: Mantras begleiten unser aller Leben. Die Ausrichtung unserer Mantras entscheidet in einem hohen Maße über unsere Lebensqualität, ähnlich wie es unsere Ernährung tut. Bci dieser ist es offensichtlich ein aktiver Prozess. Es ist nicht ausreichend, gesunde Nahrung aufzunehmen, es kommt auch darauf an, wie gut wir sie kauen. Ganz ähnlich verhält es sich mit unseren Mantras. Die Sätze und Weisheiten, die ich oft wiederhole, sind Teil meiner Seelennahrung. Mein Umgang damit ist analog zum Prozess des Kauens. Es lohnt sich daher, mit unseren Mantras bewusst umzugehen und ihre heilende Kraft voll auszuschöpfen. Der Benediktiner-Mönch und Zen-Meister Willigis Jäger spricht in diesem Zusammenhang von »Psychohygiene«, also der Erkenntnis, dass wir neben der Körperhygiene auch ein gewisses Maß an Saubererhaltung der Seele erlernen sollten. Hierbei spielen Mantras eine Schlüsselrolle.

Alle uns bekannten Kulturen kennen und verwenden Mantras, von den Jaomami-Indianern des brasilianischen Regenwaldes über die Anhänger der fünf Weltreligionen bis hin zum Volk der Innuit in Alaska. Das Wort »Mantram« hat seinen Ursprung im indischen Sanskrit, es setzt sich aus den Silben »Man« = denken, Verstand, Seele sowie »Tram« = helfende, schützend Kraft, zusammen. Man ging und geht also davon aus, dass das Wort selbst auch Schutz und Hilfe bieten kann. Ist das überhaupt möglich?

Wir kennen Schutz und Hilfe vor allem durch äußere Einwirkung, beispielsweise durch Medikamente oder Operationen. Gerade weil dieses Konzept jedoch im 21. Jahrhundert an seine Grenzen stößt, wird an den Universitätskliniken immer häufiger daran geforscht, ob Worte und damit psychotherapeutische Verfahren messbar helfen oder gar heilen können. Jüngste Untersuchungen der Gehirnforschung können nun auch höchsten Anforderungen an die objektive Messbarkeit gerecht werden. Menschliche Gedanken lassen sich in den so genannten Kernspin- und Magnetresonanz-Tomografen nach wie vor nicht messen, wohl aber die Durchblutung, genau genommen der Sauerstoffgehalt im Blut des menschlichen Gehirns. Der lässt einen Rückschluss darauf zu, welche Hirnareale aktiv sind. Wir könnten von verschiedenen Zuständigkeitsbereichen unseres Gehirns sprechen – es gibt für fast jede menschliche Emotion einen eigenen, so beispielsweise ein Glücksareal, ein Unglücksareal und so weiter. Wenn ein Mensch nun, während er in einem solchen Kernspin-Tomografen liegt, einen bestimmten Satz oft wiederholt, beispielsweise »Ich bin gesund und zuversichtlich«, können Gehirnforscher nach einer gewissen Zeit an ihren Monitoren eine Aktivierung des »Glücksareals« beobachten, also eine erhöhte Durchblutungsaktivität in jenem Gehirnareal, von welchem man weiß, dass es bei Glücksgefühlen aktiv wird. Hier liegt ein Geheimnis der Mantras. Durch das häufige Wiederholen eines Satzes werden spezielle Bereiche des Gehirns besser durchblutet. Dies funktioniert im positiven wie im negativen Sinne. So wie optimistische Sätze unser Glückszentrum stimulieren, stimulieren pessimistische Sätze unser Unglückszentrum.

Nahezu alle philosophischen Konzepte gehen seit Immanuel Kant vom so genannten Konstruktivismus aus, also der Erkenntnis, dass wir unsere Wirklichkeit selbst erschaffen. Das Rezitieren von Mantras verändert messbar unsere Wirklichkeit. Vielleicht kennen auch Sie Menschen, die sich auf ein bestimmtes Mantra eingeschossen haben, ohne das zu realisieren. Ein sehr populärer Satz ist beispielsweise: »Ich *muss* dies und das noch erledigen.« Jeder Satz mit einem Muss erschafft dem Sprechenden jedoch auch eine »*Muss*-Wirklichkeit«. »Ich *muss* aber wirklich«, entgegnen viele Menschen an dieser Stelle, »schließlich will ich meine Arbeit nicht verlieren, meinen Mann nicht enttäuschen und mein Haus nicht verwahrlosen lassen.«

»Alles Quatsch«, würde hierauf ein Tibeter antworten. »Du musst sterben, alles andere ist deine freie Entscheidung, inklusive Heilung und Glück.« Und er würde noch weiter gehen: »Glück ist kein Schicksal, sondern Übungssache. Wer gelernt hat, Mantras angemessen zu rezitieren, kann gar nicht anders, als zufrieden und glücklich zu werden.«

Viele Menschen mögen dies anzweifeln, da tibetische Mönche nur wenig mit unserem Alltag zu tun haben. Der Münchner Psychotherapeut Jens Corssen greift diesen Gedanken jedoch auf. Er leitet seit über 20 Jahren Seminare, die vor allem einen zentralen Punkt ansteuern: »Wie kann man es schaffen, jedes ›muss‹ durch ein ›will‹ zu ersetzen?« Seine Heilungserfolge sind in der Therapieszene mittlerweile legendär. »Muss« ist ein Mantra, das uns permanent in unserer Opferrolle bestätigt, »will« dagegen zielt auf unsere Selbstverantwortung ab, so Corssen.

Zahlreiche Menschen berichten, dass sich ihr Leben komplett verändert habe, nachdem sie gelernt hatten, jedes »muss« durch ein »will« zu ersetzen. So könnten wir sagen: Jedes »muss« ist ein Mantra, das unsere Autonomie untergräbt, während jedes »will« unseren Individuationsprozess fördert. Probieren Sie einmal selbst den Unterschied aus, sagen Sie sich: Ich *will* die Steuererklärung machen, den Müll raus bringen, das Auto zur Werkstatt fahren und so weiter.

Negative wie auch positive Mantras entstehen meist ohne jeden Vorsatz, sie ergeben sich aus der Situation. In einer schweren Lebenskrise findet fast jeder Mensch intuitiv sein Mantra, beispielsweise »Ich schaffe das, alles wird gut, ich bleibe gesund« oder Ähnliches. Und er findet auch die Disziplin, es oft zu rezitieren, denn er spürt, dass es den Leidensdruck verringert. Nach Überwindung der Krise steht ihm dann dieses Mantra weiterhin zur Verfügung und trägt einen großen Teil zum so genannten Krisen- oder Krankheitsgewinn bei, also der oft dokumentierten Erfahrung eines erfüllteren Lebens nach überwundener Lebenskrise.

Das neue Interesse an Mantras

Das neu erwachte Interesse an Mantras kommt in unseren Tagen nicht mehr aus alternativen Kreisen wie noch Ende der 60er Jahre, sondern mitten aus der etablierten Wissenschaft, nämlich der Psychologie und der Neurologie. Dies hat sehr konkrete Gründe. Die größte Sorge der psychologischen Forschung ist im neuen Jahrtausend der sprunghafte Anstieg der depressiven Erkrankungen. Die Depression droht zur Pest des 21. Jahrhunderts zu werden. Obwohl die medikamentöse Behandlung in den letzten zehn Jahren sehr viel effektiver geworden ist, bleibt die Rückfallquote von schwer depressiv erkrankten Menschen nach wie vor viel zu hoch. Man versucht mittlerweile den Patienten, zusätzlich zur medikamentösen Therapie, zur Mitarbeit zu bewegen, ermutigt ihn, »zum Manager seiner Krankheit« zu werden, wie es im Fachjargon der Depressionsforschung heißt. Das Mittel, dies zu erreichen, wird zwar »Affirmation« oder »Autosuggestion« genannt, aber es handelt sich eigentlich um Mantras, die da »verabreicht« werden. »Finden Sie Ihre Gesundheitssätze und wiederholen Sie diese so oft wie nur möglich«, ist einer der Ansätze. Dies ist vollkommen mit den Ideen der buddhistischen Lehre identisch. Es fällt mir schwer zu glauben, dass diese Methoden von Verhaltenstherapeuten neu erfunden wurden. Ich könnte mir vorstellen, man orientierte sich am Buddhismus oder anderen alten Traditionen, wollte dies aber nicht zugeben, da es als unwissenschaftlich hätte ausgelegt werden können. Wie auch immer, entscheidend ist, dass Mantras sehr gut wirken und vielen Menschen helfen oder sogar das Leben retten können.

Die Wirksamkeit von optimistischen Affirmationen ist unter Psychologen schon seit langem bekannt. Viele Therapeuten fragen sich jedoch, wie man den Patienten motivieren kann, Affirmationen oder Mantras praktisch anzuwenden. Hier können sie eine Menge von mantrischen Kulturen lernen. Ein Mantra, oder ein optimistischer Satz, wird dann am besten aufgenommen, wenn er mit dem achtsamen Gehen verbunden wird, also etwas einfacher ausgedrückt: während eines bewussten Spaziergangs. Wenn man die Mantras mit den Schritten verbindet und dies einige Wochen lang übt, geschieht die Verankerung im Körper fast von selbst.

Die Gehirnforschung sagt uns, dass wir, wenn wir mit einem Mantra einen sichtbaren und nachhaltigen Effekt auf unser »Glückszentrum« ausüben wollen, dieses zwischen 160- und 200-mal am Tag wiederholen sollten. Dabei scheint es nicht wichtig zu sein, die Mantras besonders geläutert zu sprechen – wenn man sie nur oft genug mit der inneren Stimme spricht, wirken sie in jedem Fall. Natürlich wirken sie auch, wenn man sie mit der äußeren Stimme, also laut spricht, aber das ist in unserer Kultur leider nur allein im Zimmerlein machbar. Man kann jedoch vor diesem Hintergrund besser verstehen, warum beispielsweise tibetische Mönche einen Großteil ihres Lebens zusammensitzen und Mantras rezitieren: Sie praktizieren eine Form des Muskeltrainings für ihr Glückszentrum.

Ein Glücksmuskel?

Seit einigen Jahren sind Gehirnforscher in der Lage, uns zu erklären, warum Mantras so effektiv auf unsere inneren Heilkräfte und unser Glückszentrum einwirken können. Ihre Erkenntnisse hängen vor allem mit einem umfassenderen Verständnis der

Kommunikationsfähigkeit unserer Gehirnzellen zusammen. Man suchte lange nach einer Schaltzentrale, einem Bereich, der ähnlich einer Kommandobrücke alle Funktionen steuert und Befehle gibt, nach denen sich der Rest des Gehirns richtet. Dieses Konzept konnte jedoch nicht bestätigt werden. Vielmehr bestimmen wir durch unsere Gedanken die Funktionsweise unseres Gehirns, die Gehirnzellen sind so etwas wie die Hardware, während unsere Gedanken die Software darstellen, also das Programm, nach dem Verbindungen eingegangen und wieder gelöst werden. Verbindungen, die man oft nutzt, werden gestärkt, solche, die man nicht nutzt, werden im Laufe der Zeit gelöst. Das Zauberwort lautet: »neuronale Vernetzung«, also die Fähigkeit unseres Gehirns, immer genau die Schaltungen aufzubauen, die uns gesund und flexibel erhalten.

Bildlich gesprochen schaffen wir einen Trampelpfad in unserem Nervensystem, einen Saumpfad, der ausschließlich durch Benutzung entsteht. Es sind unsere Gedanken, die darüber entscheiden, welche Verbindungen aufgebaut werden, und es sind auch unsere Gedanken, die durch den Aufbau dieser Vernetzungen Heilungsprozesse begünstigen können. Vernetzung bedeutet Kreativität, und dies bedeutet Lösungsorientiertheit. Hassgefühle und Rachegelüste können einen Heilungsprozess massiv schädigen, vor allem weil sie die neuronale Vernetzung behindern, während Emotionen wie Dankbarkeit oder Vergebung die Genesung fördern können, da sie die neuronale Vernetzung begünstigen. Pessimistische Emotionen tendieren nicht dazu, eine »pessimistische Vernetzung« aufzubauen, sondern Vernetzungsaktivitäten zu behindern und zu reduzieren.

Es war aber nicht nur die Gehirnforschung, die mit ihren Erkenntnissen den Weg in das 21. Jahrhundert wies, es war auch die Quantenphysik, und diese geriet mit ihren bahnbrechenden Entdeckungen über das Wesen der Materie in Verdacht, sich von der seriösen Wissenschaft verabschiedet und der Esoterik zugewandt zu haben. Beispielsweise durch folgende (sinngemäße) Aussagen: »Wenn man weit genug in den Mikrokosmos blickt, löst sich alles Feste und Stabile auf. Das wahre Wesen der Materie gleicht am ehesten einem Gedanken«, wie sie auch im Film *Bleep* vorkommen. Wenn wir diese wissenschaftlichen Erkenntnisse ernst nehmen – und das sollten wir –, müssten wir unsere Konzeption von Glück und Unglück neu überdenken, denn wenn tatsächlich ich selbst es bin, der durch seine Gedanken sein Lebensglück steuert, wem kann ich dann die Schuld an meinem Unglück geben? Ich alleine wäre dann verantwortlich. Dies nennt man mit Paul Watzlawick »die radikale Eigenverantwortung«. Sie besagt, dass *ich* ganz allein meine Gedanken, und als Resultat von ihnen meine Umwelt, erschaffe und zu verantworten habe.

Diesem Konzept wird freilich oft entgegengehalten, dass es doch so viel Schreckliches auf der Welt gäbe, beispielsweise Kriege, und dafür könne man schlecht den einzelnen Menschen verantwortlich machen, es sei ein kollektives Problem. Obwohl dies zweifellos richtig ist, sollte man sich eine einfache Frage stellen: Befinde ich mich in diesem Moment tatsächlich in einem Krieg oder habe ich nicht vielmehr das Wissen in meinem Gehirn gespeichert, dass Kriege an verschiedenen Orten der Welt existieren? Dieses Wissen ist es, das den Menschen quält, auch wenn er selbst eigentlich unversehrt bleibt. In diesem Moment, hier und jetzt, gibt es keinen Krieg, es sei denn, ich erschaffe ihn mir in meinen Gedanken. Dies mag uns politisch und sozial aufgeklärt denkenden Menschen zu egoistisch und profan erscheinen, aber es ist trotzdem eine großartige Möglichkeit, zufrieden und glücklich zu werden. Ich persönlich kann auch nicht erkennen, inwieweit man Menschen helfen kann, wenn man sich ständig sorgt. Wenn ich helfen kann, helfe ich, ansonsten aber achte ich darauf, dass ich mir mit meinen Gedanken eine möglichst harmonische Wirklichkeit erschaffe. Dann bin ich zur Hilfe in entsprechenden Situationen auch viel eher in der Lage.

Psychohygiene

»Erneute Anschläge in Bagdad, über 150 Tote, gleich nach der Werbung, bleiben Sie dran!« Niemandem von uns sind heute solche Ankündigungen unbekannt, sie sind Teil unserer Alltagswirklichkeit geworden. Unter dem Deckmantel der Information werden wir seelisch tyrannisiert, und das vor allem, weil sich schlechte Nachrichten gut verkaufen, weil sie die menschliche Aufmerksamkeit in Form des Mitgefühls garantieren. Vieles von dem, was uns als Information angepriesen wird, ist aber in Wirklichkeit eine subtile Form der seelischen Einschüchterung und Verletzung. Wenn Sie tatsächlich in der Politik tätig sind, ist es sicherlich wichtig, dass Sie umfassend informiert sind. Wenn das jedoch nicht der Fall ist, stellt sich die Frage, ob Sie sich den täglichen Informationsterror nicht öfters mal ersparen sollten. Die Tatsache, dass dieser Ratschlag heutzutage fast schon als anrüchig gilt – zumindest als weltfremd und unmodern –, zeigt uns, dass wir insbesondere durch den Einfluss der Medien sehr konkret unsere eigene Wirklichkeit erschaffen, die wir auf keinen Fall hinterfragen wollen. Jeder Medienfachmann wird jedoch bestätigen, zumindest nach ein paar Gläsern Wein, dass die meisten Nachrichten darauf ausgelegt sind, den Menschen Angst zu machen, denn dies sichert Aufmerksamkeit und damit Einschaltquoten. Man ist dann vielleicht informiert, aber vermutlich nicht glücklich.

Was aber ist Glück? Allem voran ist es die Fähigkeit, eine gewisse Psychohygiene zu wahren und den Gehirnstoffwechsel vor der ständigen Reizüberflutung unserer modernen Gesellschaft so gut es geht zu schützen. Dies ist sicher noch nicht der Weg zum Glück, aber es ist ein Schritt dahin, allzu großes Unglück zu vermeiden.

Gedanken schaffen Gefühle

Während man Glück früher für Schicksalssache hielt, sagt uns die Gehirnforschung heute, es sei vielmehr Übungssache. Unsere Fähigkeit, Glück zu empfinden, gleicht tatsächlich einem Muskel. Diesen Muskel können wir ausbilden oder verkümmern lassen, es liegt nur an uns. In seinem Buch »Die Glücksformel« beschäftigt sich der Gehirnforscher Stephan Klein mit der Frage, wie optimistische Gefühle entstehen. Obwohl Paul Watzlawick in dem Buch »Wie wirklich ist die Wirklichkeit?« bereits 1974 darauf hingewiesen hatte, dass Menschen sich trotz aufrichtiger Bemühungen so gut wie niemals auf einen gemeinsamen Glücksbegriff einigen können, startete Klein einen neuerlichen Versuch. Denn die Mehrzahl der Gehirnforscher ist es leid, sich nur mit Krankheits-Symptomen und Unglück zu beschäftigen.

Könnte die Evolution die Glücksfähigkeit in unserem Gehirn verankert haben, und falls ja, wie? Zunächst ist es wichtig zu wissen, dass auch unsere Gefühle im Gehirn entstehen. Gefühle mögen zwar im Bauch ankommen und wahrgenommen werden, aber sie kommen nicht von dort. Eine Schlüsselrolle spielt hierbei der Teil des Gehirns, den man Hypothalamus nennt, sowie die dort produzierten Neuropeptide. Wenn wir einen Menschen als »verkopft« bezeichnen, meinen wir damit seine einseitig rationelle Lebenshaltung – dem Kopf oder genauer gesagt dem Gehirn kann jedoch nicht die Schuld gegeben werden. Er ist ebenso für Gefühle wie für Gedanken zuständig, und damit ist die Gehirnforschung auch zur Erforschung unserer Glücksempfindungen berufen.

Um unser Gehirn gut vernetzt zu halten, ist es wichtig zu wissen, wie man mit sich selbst kommunizieren kann, was in unserer Gesellschaft eher die Ausnahme als die Regel darstellt. Zunächst einmal kann unser Gehirn mit den Begriffen »nicht« und »kein« nichts anfangen. Bereits der chinesische Philosoph Sunzi verwendete folgendes Beispiel: »Stellen Sie sich einmal keinen Elefanten vor, was auch immer vor Ihrem inneren Auge auftauchen mag, vermeiden Sie Elefanten!« Probieren Sie es aus!

Wie Sie sehen werden, sind Verneinungen unserem Gehirn unbekannt.

Dieses Wissen, so sagen uns Gehirnforscher, ist außerordentlich wichtig, um ein glückliches Leben zu führen, denn ohne diese Regel zu kennen gleichen wir dem afrikanischen Erdhörnchen. Es kann nur graben, um an Nahrung zu kommen. Wenn es hin und wieder ein Ei erbeutet, gräbt es intensiv weiter, anstatt das Ei beispielsweise gegen einen Stein zu werfen. Durch das Graben hat es aber beim Ei nicht die geringste Chance, satt zu werden – es ist sinnlos, aber es ist das gewohnte und bekannte Muster. Wenn wir die Gesetze unserer Psyche nicht kennen, gleichen wir diesem Erdhörnchen. Wir nehmen uns beispielsweise vor, »nicht mehr so ungeduldig und gereizt zu sein«, aber wir erreichen damit eher das Gegenteil. Besser wäre gewesen, wenn wir uns »Gelassenheit« vornehmen, also eine Emotion, mit der unser Gehirn eine Beziehung aufbauen kann. Wenn wir »nicht« ungeduldig sein möchten, bauen wir eine Beziehung zur Ungeduld auf. Wenn wir also in »nicht«-Kategorien denken, fehlt uns das Basis-Know-how für das Training unseres Glücksmuskels. Das »nicht« ... funktioniert nicht!

Aus diesem Grund sollte man auch Begriffe wie »aber«, »sollte«, »müsste«, »könnte« und »ich weiß nicht« vermeiden, es sind versteckte Verneinungen. Selbst wenn wir uns an diese Begriffe gewöhnt und das Gefühl haben, dass wir sie in unserer täglichen Kommunikation sehr effektiv einsetzen, sollten wir keinesfalls ihre Wirkung auf unser Gefühlsleben unterschätzen.

Die Sprache unserer Gedanken ist der Rohstoff für unser Gefühlsleben. Dies mag auch der Grund dafür sein, warum die verschiedenen Gesellschaftsschichten so unerschütterlich an ihrer Sprache beziehungsweise ihren Dialekten festhalten. Wenn Sie beispielsweise in bayrischem Dialekt denken, schafft dies ein vollkommen anderes Gefühlsleben als Gedanken in Schriftdeutsch. »Mir gema Heim« ruft andere Gefühle hervor als »Wir gehen nach Hause«, und »Naah« fühlt sich anders an als »Nein«.

Gustav Knut beispielsweise stellt in der »Sissi«-Triologie den Herzog Max dar, ohne ein Wort bayrisch zu können. Es wirkt – zumindest auf mich – kulturimperialistisch und arrogant, seine Sprache passt nicht zur Rolle, es »fühlt« sich nicht echt an. Unsere Sprache schafft Gefühle, gleichgültig ob mit der äußeren oder inneren Stimme gesprochen.

Die Gamma-Wellen

Die bioelektrischen Aktivitäten unseres Gehirns zeigen sich in drei grundlegende Wellenformen:

- Delta-Wellen mit einer sehr niedrigen Frequenz, typisch bei Tiefschlaf
- Alpha-Wellen mit etwa 10 Hertz, die normale Frequenz im wachen Zustand
- Gamma-Wellen mit über 30 Hertz, sie findet man bei jeder Form von geistigen Spitzenleistungen.

Die Gamma-Wellen sind das große Mysterium der Gehirnforschung, denn sie führen zu der bisher nicht komplett geklärten Frage, wie Bewusstsein entsteht. Der Neuropsychologe Ulrich Ott erklärt die Problematik folgendermaßen: Wenn wir vor einer Tasse Kaffee sitzen, nehmen wir den Gesamteindruck wahr, den Geruch, den Geschmack, den Anblick des Kaffees – das Gehirn jedoch verarbeitet die einzelnen Aspekte in verschiedenen Arealen. Ein Areal, das alles zu einem Ganzen verbindet, wurde jedoch bis jetzt nicht gefunden. Deshalb vermutet man, dass die Nervenzellen über einen Erkennungskode verfügen: die Gamma-Frequenz. Die Gamma-Wellen sind demnach also eine Art übergeordnete Steuerfrequenz für die Hirnareale.

Der Journalist Ulrich Kraft berichtete 2004 in der Süddeutschen Zeitung von einer bemerkenswerten Begegnung: Im Jahre 2004 beschloss der Dalai Lama, einen weiteren Schritt in der wissenschaftlichen Erforschung der Meditations- und Mantra-Forschung zu wagen. Zu diesem Zweck wählte er mehrere Mönche aus seinem unmittelbaren Umfeld aus und bat sie, ihre Exerzitien ein Jahr lang von ihrem Kloster in einen Magnetresonanz-Tomografen zu verlegen, in dem der Neuropsychologe Richard Davidson von der Universitiy of Wisconsin in Madison genau beobachten konnte, was im Gehirn während Meditation und Mantra-Rezitation geschieht. Nachdem Davidson die Tibeter zehn Monate lang in seinem Magnetresonanz-Tomografen erforscht hatte, machte er vor einem Fachpublikum innerhalb seiner Universität folgende – wohlgemerkt nicht philosophische, sondern wissenschaftliche – Aussage: »Glück ist eine Fertigkeit, die sich erlernen lässt wie eine Sportart oder das Spielen eines Musikinstruments. Wer übt, wird immer besser.« Wenn man in Erwägung zieht, dass das menschliche Gehirn das wandlungsfähigste System ist, das die Natur hervorgebracht hat, kann man auch Davidsons zweite Aussage verstehen: »Niemand muss als der enden, der er heute ist.«

Besonders interessant war für die Forscher übrigens das »Mantra des vorbehaltlosen Mitgefühls«: *Tat wam asi*. Es bedeutet in etwa »Auch das bin ich«, ein Mantra, das die Tibeter aus Dankbarkeit gegenüber ihrer Exilheimat Indien manchmal auch in Sanskrit zitieren. Die Forscher stellten in den Gehirnen der Mönche eine geradezu unglaubliche Zunahme der Gamma-Wellen fest, wenn dieses Mantra rezitiert wurde.

Wenn wir uns die Areale verbindende Funktion der Gamma-Wellen-Phasen vor Augen führen, so wird ein uraltes und bei uns lange für pure Einbildung gehaltenes Phänomen wissenschaftlich erklärbar: Menschen, die meditieren und Mantras rezitieren, erleben ein sehr starkes Verbundenheitsgefühl mit allem, was sie umgibt. Die Gamma-Wellen sind nicht die Ursache dieses Phänomens, sondern eine Art Skala, an der man dieses Gefühl ablesen kann. Durch die Kommunikationsfähigkeit der Hirnareale steigt auch das Verbundenheits- und Glücksempfinden. Wenn wir uns mit Mantras beschäftigen, wissen wir nun also auch, inwiefern wir unseren Glücksmuskel trainieren: durch eine Intensivierung des Auftretens von Gamma-Wellen. Wer heute noch behauptet, die Wirkung der Mantras sei wissenschaftlich nicht haltbar, muss sich sagen lassen, dass er nicht auf dem neuesten Stand der Forschung ist – er braucht ein Update.

Die Wirksamkeit von Mantras ist bewiesen! Es lässt sich auch die Behauptung nicht mehr halten, dass wahre Spiritualität nur außerhalb der Wissenschaft stattfände. Dank der Gehirnforschung, der Philosophie, Psychologie und der Quantenphysik macht es heute sehr viel mehr Spaß, sich innerhalb der Wissenschaften zu bewegen als außerhalb – man muss nur sein Wissen auf den neusten Stand bringen.

Mantras – Tradition und Religion

Alle uns Europäern fremden Religionen und spirituellen Richtungen ereilte lange Zeit ein ähnliches Schicksal: Ohne sich allzu viel mit ihnen beschäftigt zu haben, taten die meisten westlichen Religionswissenschaftler außereuropäische Phänomene dieser Art als irrelevant ab. Noch Anfang des 20. Jahrhunderts wiesen sowohl Rudolf Steiner als auch Richard Wilhelm, der große Übersetzer des *I Ging*, auf die ignorante Haltung in europäischen geisteswissenschaftlichen Kongressen hin, in denen beispielsweise Rudolf Steiners Idee, die Reinkarnation wieder in das Christentum zu integrieren, als vollkommen absurd eingestuft wurde. Obwohl es allgemein bekannt war, dass Kaiser Konstantin erst im Konzil von Niccea (336 n. Chr.) die Reinkarnation aus der christlichen Lehre verbannt hatte, wollte man die Tradition nicht in Frage stellen, die Zeit schien noch nicht reif für neue Strömungen und Ideen. Nichtsdestotrotz gründete Steiner die so genante Christengemeinschaft, eine Gemeinschaft reinkarnationsgläubiger Christen.

Ungefähr seit der 68er Generation gibt es stark religiös motivierte Bewegungen in Mitteleuropa und den USA, in denen alles Indische hochgeschätzt und manchmal auch verklärt wird. Am deutlichsten wurde dies bei Anhängern von so genannten Sekten. Obwohl ihre Anhänger bester Absicht waren, mussten sie sich schließlich selbst einen gewissen Wirklichkeitsverlust eingestehen. Das indische Lehrer- oder Guru-System hatte bei den meisten Anhängern die Selbstverantwortung, die das Ziel aller spirituellen Unterweisung darstellt, nicht gefördert, sondern untergraben. Damit war es bedauerlicherweise nicht gelungen, ein in Indien bewährtes (und funktionierendes) System auf den Westen zu übertragen. Graf Dürkheim erzählte in diesem Zusammenhang einmal folgende Geschichte: Mitte der 70er Jahre leitete er in seinem Institut Exist-Rütte eine längere Fortbildung über Bioenergetik. Einer der Fortbildungsteilnehmer hatte mehrere Monate bei einem indischen Guru verbracht und berichtete nun voller Begeisterung in der Selbsterfahrungsgruppe über seine Erlebnisse. Dürkheim war interessiert und fragte bei einigen Punkten nach, was seinen Schüler sehr ermutigte, und am Ende seiner Ausführungen berichtete dieser geradezu euphorisch: »Das Beste an der Sache ist, dass er uns versichert hat, dass wir jederzeit zum Tanken wiederkommen können.« »Das sage ich meinen Schülern auch«, entgegnete Dürkheim, »ich bitte sie jedoch, das Benzin, das ich ihnen gebe, nicht dazu zu missbrauchen, immer nur um die Tankstelle herum zu fahren.«

Dürkheim sprach damit einen wesentlichen Punkt aller religiösen und philosophischen Betrachtungen an: Nur Eigenständigkeit kann Ziel eines spirituellen Weges sein, niemals Abhängigkeit. Buddha selbst hatte seinen Schülern empfohlen, sie mögen ihm den Kopf abschlagen und weitergehen, falls er ihnen auf ihren Meditationsreisen begegne.

Dies scheint mir ein wichtiger Punkt bei jeglicher Betrachtung von Religion zu sein. Da wir dazu neigen, unsere Realität selbst zu erschaffen, neigen wir auch dazu, nur jene Informationen an uns heranzulassen, die unseren Erwartungen entsprechen. Religion ist damit immer potentiell gefährdet, missverstanden zu werden.

Da das Wort »Mantram«, wie wir gesehen haben, sowohl »Wort« als auch »schützende Kraft« bedeutet, passt es sowohl auf die klassischen indischen Mantras als auch auf jegliche Form von Gebeten. Die Legitimation für diese Verallgemeinerung liefert uns die moderne Wissenschaft, die wiederholt und unwiderlegbar bewiesen hat, dass beide – Gebete wie Mantras – hilfreich und angsthemmend für den Menschen sein können. Nach dieser Definition kennen und praktizieren alle Religionen und spirituellen Richtungen Mantras.

Klassische Mantras

Bei dem Versuch, klassische Mantras zu beschreiben, kann es sich nur um ein unvollständiges Bild, einen groben Abriss handeln, denn es ist nicht möglich, den gewaltigen religiösen Kulturen mit Worten gerecht zu werden. Ich möchte mich deshalb darauf beschränken, von fünf Weltkulturen nur ein paar jener Mantras vorzustellen, mit denen ich persönliche Erfahrungen machen konnte. Ich bin der festen Überzeugung, dass Mantras nur durch Praxis erfahrbar werden können, theoretisches Wissen scheint mir nur sinnvoll, um ihre Wirkungsweise zu verstehen, nicht aber ihren spirituellen Gehalt.

Wir können monotheistische Religionen, die an einen einzigen Gott glauben, von denen unterscheiden, die die Reinkarnation in ihre Lehren einbeziehen. Alle Religionen bergen die Erfahrung, dass das Rezitieren von Mantras den Menschen auf seinem Weg, sei es nun zur Erleuchtung oder zur Einheit mit Gott, weiterbringen.

Monotheismus

Die drei monotheistischen Religionen sind das Judentum, das Christentum und der Islam. Man nennt sie auch die Wüstenreligionen, weil sie alle der Wüste und damit einer ganz bestimmten Atmosphäre der Kargheit entstammen. Um sie zu verstehen, ist es sinnvoll, sich das Leben eines Beduinen vorzustellen. In der Wüste braucht der Mensch sehr klare und strukturierte Gesetze, denn wenn man sein Kamel nicht richtig anbindet und es wegläuft, ist man bereits so gut wie tot. Schon von daher liegt es nahe zu sagen, dass die Wüstenreligionen die Religionen der Gebote und Regeln sind. Die Wüste ist unerbittlich, und man muss sich an sehr klare und unverrückbare Verhaltensregeln halten, um in ihr zu überleben. Daher sind die monotheistischen Religionen die der Gesetze.

Ein weiteres Merkmal der monotheistischen Religionen besteht darin, dass sie im Laufe der Geschichte den Glauben an die Reinkarnation abgelegt haben. Während sich nach der fernöstlichen Lehre die Polaritäten, Yin und Yang, in ständigem Fluss befinden, die Gegensätze sich erschaffen, zerstören und neu erschaffen, ist die Vorstellung des Monotheismus vergleichsweise einfach: Wir haben nur ein Leben und am Ende wird Gericht gehalten. Unsere Taten entscheiden dann über unseren Eingang in Himmel oder Hölle.

Diesen philosophischen Hintergrund kann man beim Singen der verschiedenen Mantras fühlen: einerseits die Vielfalt des Yin und Yang und die Hoffnung auf das Erleben der Einheit im Osten, andererseits die strukturierte Klarheit des Monotheismus mit der Hoffnung auf die Gnade des einen Gottes im Westen. Die heiligsten Mantras der Monotheisten sind daher die Namen ihrer allmächtigen Götter: »Gott Vater« im Christentum, »Jehova« oder »Jahwe« im Judentum sowie »Allah« im Islam.

Christliche Mantras

Das Christentum legt bei seinen Mantras sehr viel Wert auf Herzensenergie und Mitleid. Als es nach Mitteleuropa kam, traf es die Menschen »mitten ins Herz«, denn es verkündete die Erlösung durch das Leid Christi. Leid gab es zu dieser Zeit, Mitte des fünften Jahrhunderts, mehr als genug, man litt unter der schlimmsten Katastrophe, die die Menschen bis dahin heimgesucht hatte: den mordenden Reiterhorden der Hunnen. Historisch gesehen können wir nicht genau sagen, wie die christliche Lehre entstanden ist, doch dies ist in diesem Zusammenhang auch relativ gleichgültig. Entscheidend waren nicht theologische Feinheiten, über die man sich in den mittelalterlichen Konzilen so leidenschaftlich stritt, sondern die Ur-Lehre, welche die damals neue Idee der Erlösung des Menschen durch das Leiden und eine bessere Welt im Jenseits verkündete. Wenn wir also einmal von den Ursprüngen dieser Religion absehen, welche eher als Mythos denn als Geschichte anzusehen sind, finden wir vor allem um die Mitte des fünften

Jahrhunderts die stärkste Prägung des überlieferten Christentums, das zwar schon seit einiger Zeit in Europa existierte, aber bis dahin noch keine solch entscheidende Rolle gespielt hatte. Nur die Lehre Jesu konnte in einer Welt, die in Flammen aufging, noch Trost spenden. Die alten – oft zornigen und kriegerischen Götter – erschienen den Menschen angesichts des kollektiven Leids zunehmend als überholt. Da nichts die Hunnen, diese »Geißel Gottes« aufhalten konnte und ganze Generationen von Europäern von ihnen hingeschlachtet wurden, war die Zeit für eine »Leidensreligion« reif. So sind die christlichen Mantras kraftvolle Sätze der Hoffnung und des Vertrauens, der Nächstenliebe und des Mitleids. Obwohl auch Auszüge aus Gebeten und anderen Bibeltexten als Mantras rezitiert werden, lassen sich drei Ur-Mantras herauskristallisieren.

Amen

Amen wird von Bibelforschern meist mit »So sei es« übersetzt. Das Amen schwingt beim Singen oder Sprechen vor allem im Brustraum, was genau der christlichen Ur-Lehre der göttlichen Herzkraft entspricht. Mit der inneren Stimme habe ich persönlich kaum Erfahrungen mit diesem Mantra gemacht, wohl aber mit dem Singen: Es fördert Gefühle der Nächstenliebe und des Annehmens. Die wohl schönsten Amen der Musikgeschichte finden sich in Georg Friedrich Händels *Messias* und in Mozarts *Requiem.*

Herr, erbarme dich (Kyrie Eleison)

Dieses Gebet würde ich als Notfall-Mantra bezeichnen, eine Bitte um Schutz und Beistand. Ich habe es vor einigen Jahren mit recht sakraler Musik vertont und seitdem mit vielen Gruppen gesungen. Meiner Meinung nach kann es sehr viel Hoffnung spenden, sollte aber nicht länger als 30 Minuten rezitiert oder gesungen werden.

Halleluja

Das Mantra der Dankbarkeit. Ich erinnere mich an eine Situation, als ich im warmen Thermalbad-Wasser lag und mich plötzlich die Erkenntnis wie ein Schlag traf, dass ich den schlimmsten Teil meiner gegenwärtigen Krise überwunden hatte. Ganz tief aus meinem Inneren stieg das Mantra »Halleluja« auf – ohne dass ich es geplant hatte, ohne getauft zu sein oder einen sonstigen dogmatischen Bezug zum Christentum zu haben. Ich erlebte es als Befreiungs- und Dankes-Mantra zugleich. In der Folgezeit sang ich es oft in Selbsterfahrungsgruppen, und wenn die Stimmung passend war, berührte das »Halleluja« die Menschen wie kein anderes Mantra, das ich bis dahin gesungen habe. Ich glaube, dass dieses Phänomen mit der Theorie des kollektiven Unterbewusstseins von C. G. Jung erklärt werden kann, die auch besagt, dass wir Europäer, gleichgültig ob mit dem Christentum identifiziert oder nicht, bestimmte Informationen aus dieser großen Religion in Teilen unseres Gehirns gespeichert haben, die bei intensiven emotionalen Erlebnissen an die Oberfläche unseres Bewusstseins steigen.

Das Wort Gottes?

Die gängige Praxis, bestimmte Stellen aus Gebeten und anderen Bibelstellen zu zitieren, hat lange Tradition und ist ebenso oft gelobt wie kritisiert worden. Aus Sicht der Gehirnforschung gibt es allerdings einen recht zuverlässigen Maßstab, nach welchem wir solche biblisch inspirierten Mantras einordnen können. Wir müssen prüfen, ob die Mantras polarisieren oder ob sie ganzheitlich sind. »Der Herr ist mein Hirte, mir wird's an nichts mangeln« erscheint mir ebenso ganzheitlich wie »Mutter Gottes, gedenke meiner«. Da die Bibel jedoch – historisch einwandfrei belegbar – von mehreren Päpsten und Bischöfen »nachgebessert« wurde, kann man nicht blind jede Stelle als Mantra übernehmen. Der Wunsch nach einem Buch, welches »das Wort Gottes« und »die letzte Wahrheit« enthält, ist der Wunsch des Kindes nach der Allmacht des Vaters. Genau dieser Unfehlbarkeitsgedanke war es, der Friedrich Nietzsche in seinem *Zarathustra* zu seiner radikalen These veranlasste: »Gott ist tot, wir haben ihn getötet.« Nietzsche hatte zu bedenken gegeben, dass wir Gott zwar nicht töten können, wohl aber den Glauben an ihn, indem wir einem rückständigen und naiven Gottesbild anhängen. Insofern erscheint der Glaube daran, dass die Bibel nur aus Wahrheiten besteht und das Wort Gottes enthält, zumindest fragwürdig.

Pilgerreisen

Bei den christlichen Pilgerreisen kommt ein Phänomen zum Tragen, das mich im Zuge meiner Rhythmusforschungen über längere Zeit beschäftigt hat: die Fähigkeit des Menschen, durch polyrhythmische Körpererfahrungen neuronale Vernetzungen aufzubauen. Einfacher ausgedrückt: Wenn ein Mensch über längere Zeit verschiedene Rhythmen in seinem Körper pulsieren lässt, entstehen neue Verbindungen im Gehirn. Auf einer Pilgerreise tut man genau das, nämlich beten und wandern, und dies über längere Zeit. Wenn man beispielsweise ein Vaterunser lange betet, verlieren die Worte ihren herkömmlichen Sinn und werden zu reinem Vokalrhythmus. Diese Verbindung des Vokalrhythmus der Stimme mit dem Rhythmus der Schritte ist bereits ein Polyrhythmus. Dieser führt in unserem Gehirn zu vielerlei Prozessen, zum Beispiel zu einer Zunahme an Kreativität. Dies klingt relativ banal, doch aus Sicht der Gehirnforschung ist jede Heilung auch ein kreativer Prozess. Unser Gehirn benötigt Impulse, um gut vernetzt zu bleiben. So wie wir mit Maßnahmen wie Yoga oder Jogging unseren Stoffwechsel unterstützen können, können wir mit Polyrhythmus und Mantras unser Gehirn gesund oder, besser gesagt, »wach« erhalten. Die alte Grenze zwischen »rein biologisch« und »bewusst« beginnt hier zu verschwimmen.

Dieser Zusammenhang wird von Medizinern, die auf dem neusten Stand der Forschung sind, längst anerkannt. Daher ließe sich auch sagen, dass der heilende Effekt von Pilgerreisen wissenschaftlich erklärbar geworden ist, dass Beten und Wandern zusammen einen nachweislich positiven Effekt auf unsere Gesundheit haben. Wohin die Pilgerreise dagegen geht, scheint relativ gleichgültig zu sein. Die meisten der überlieferten Pilger-Orte sind im Mittelalter vor allem deshalb populär geworden, weil der Handel mit Reliquien, die die Gläubigen in Scharen anzogen, der wichtigste Wirtschaftszweig der Kirche geworden war. Nichtsdestotrotz können alte Pilgerrouten wie der spanische »Jakobsweg« nach Santiago de Compostela eine besondere Magie ausstrahlen – die dann auch wieder im Unterbewusstsein des Wandernden ihre Wirkung entfaltet.

Mantras des Judentums

Die jüdische Religion gilt als die älteste monotheistische Religion. Im Mittelpunkt des Glaubens steht die Selbstoffenbarung Gottes. Gott hat danach sowohl die Welt als auch die Menschen erschaffen und einen Bund mit ihnen geschlossen. Im Mittelpunkt allen Glaubens steht die hebräische Bibel.

Das mystische Buch des Judentums ist jedoch die *Kabbala.* Die zehn Manifestationen des göttlichen Denkens, Wollens, Handelns und Fühlens werden darin als »Sefirot« bezeichnet. Kern der Kabbala ist der Sefirot-Baum, der Gott als androgyne (geschlechtslose) Ganzheit darstellt. Dieser Lebensbaum beschreibt die zehn göttlichen Attribute und damit die geheiligten jüdischen Mantras, die so auch in Meditation oder Gebet verinnerlicht werden. Um die in ihnen »schwingende oder eingeschlossene Bewusstseinsfülle« (Heinrich Elijah Benedikt im zweiten Band von *Die Kabbala*) selbst zu erfahren, wurden und werden diese heiligen Namen angerufen.

1) Kether: Krone
2) Chokmah: Weisheit
3) Binah: Einsicht
4) Chesed: Gnade
5) Geburah: strenge Gerechtigkeit
6) Tifereth: strahlende Schönheit
7) Netzach: Ewigkeit

8) Hod: Herrlichkeit
9) Yesod: Fundament
10) Malkuth: Königreich

Hinzu kommt der Name Gottes, der niemals in seiner reinen Form bezeichnet werden darf, sondern nur in seiner stilisierten Form als Jahwe. Wir finden hier einen Hinweis auf jenes jüdische Gebot »Du sollst dir kein Bild Gottes machen«, das auch vom Christentum und dem Islam übernommen wurde. Es bedeutete ursprünglich wohl auch »Du sollst den Namen Gottes nicht inflationär gebrauchen«, ein Problem, das vor allem im christlichen Mittelalter zutage trat. Andererseits sagen einige Historiker, dass Künstler wie Michelangelo mit ihren Darstellungen Gottes als Patriarch mit Rauschebart (welcher noch dazu die Gesichtszüge des damaligen Papstes trug) in der Sixtinischen Kapelle nicht die christlichen Gebote verletzen wollten, sondern durch die Darstellung einer Art Zeus-Mythos die Götter, die Philosophie und die demokratischen Werte der Antike zu neuem Leben erwecken.

Islam und Mantras

Der Islam ist die jüngste monotheistische Religion, sein Name bedeutet »Hingabe an Gott«. Die wichtigsten Pflichten eines Moslems bestehen im Aussprechen des Glaubensbekenntnisses, im Ritualgebet fünfmal am Tag, dem Geben von Almosen, im Fasten während des Ramadan sowie in einer Pilgerfahrt nach Mekka. Die Bedeutung gesprochener Worte für diese Religion wird bereits daran deutlich.

Die wichtigsten islamischen Mantras lauten: *Allah u Akbar* (Gott ist groß) und *La ilahe illallah* (Es gibt keinen Gott außer Allah). Letzteres dürfte eines der am häufigsten missverstandenen Mantras der Geschichte sein, denn es bedeutet keineswegs »Wir sind die einzigen, die einen Gott haben«, sondern »Allah, die Einheit, steht über unserer polaren Welt, verhafte dich nicht zu sehr in der Welt der Polarität, denn alles, was ist, wird wieder vergehen«.

Mantras im Buddhismus und Hinduismus

Die hinduistische Religion kennt unfassbare 330 Millionen Götter, woraus zwingend folgt, dass die Mantras dieser Religion von unüberschaubarer Vielfalt sind. Am häufigsten wird Shiva angerufen, der Gott der Zerstörung und Erneuerung. Shiva könnte somit sowohl als ein Hoffnungsgott bezeichnet werden, aber auch als der Versuch, einem Verlust einen Sinn zu geben.

Der Buddhismus ist im eigentlichen Sinne keine Religion. Buddha selbst hat oft darauf hingewiesen, dass er kein Gott sei und auch nicht als solcher verehrt werden wolle. Insofern stufen viele Religionswissenschaftler den Buddhismus eher als Philosophie denn als Religion ein.

In beiden Traditionen spielt die Erlösung aus dem Kreislauf der Geburten eine entscheidende Rolle, und hier wiederum entsteht die religiöse Dimension der Mantras, denn sie sind Teil dieses Weges. Die Silbe *Om* (eigentlich *AOUM*) gilt als der Urlaut, aus dem die Schöpfung hervorging – für beide Richtungen ist dieses Mantra wesentlich. Die Silben *Om mani padme hum* gelten als das wichtigste Mantra der tibetischen Kultur und werden dort vor allem bei Pilgerreisen fortlaufend rezitiert.

Hinduismus

Der Hinduismus ist eine der ältesten Religionen der Menschheit, er kennt keine Stifter oder Propheten und seine Schriften sind relativ uneinheitlich. Der Hinduismus hat den Glauben an eine hierarchisch geordnete Weltordnung im Zentrum seiner Theologie. Von den ungezählten Göttern werden vor allem Brahma, der Weltschöpfer, Vishnu, der Welterhalter, und Shiva, der Weltzerstörer verehrt.

Im Verständnis des Hinduismus sind Mantras bestimmte heilige oder magische Formeln, die bei Riten oder Meditationen nach festgelegten, strengen Regeln rezitiert werden. Sie können aus einer Silbe (*Om*) oder mehreren Silben (*Om nama Shivaja*) bestehen. Mantras sollen schützen und der Vereinigung mit dem Göttlichen dienen, ihrem Klang wird heilende Energie zugesprochen – ohne dass man sich um Gehirnforschung im modernen Sinne kümmerte. Durch die Entwicklung des »Neohinduismus« Ende des 19.Jahrhunderts entstanden in Europa und den USA zahlreiche Religionsgemeinschaften, die an Elemente der hinduistischen Lehre und Spiritualität anknüpften. Seit den frühen 60er Jahren gab und gibt es mehrere religiös-politisch motivierte Bewegungen, unter anderem in Deutschland, in denen philosophische, ideologische sowie ökonomische Interessen zusammenflossen. Die bekanntesten Namen und Begriffe dabei waren sicher Ananda Marga, Bhagvan, Divine Light Mission, Hare Krishna, Sai Baba sowie Transzendentale Meditation.

Om (Aoum)

In vielen hinduistischen Texten wird das Om als der Urlaut der Schöpfung verehrt. Sie sollten am besten selbst erspüren, wie es wirkt.

Um das Mantra Om zu rezitieren, lassen Sie zunächst ein »Aaa« einen Ausatemzug lang schwingen, dann »Ooo«, »Uuu« und schließlich das »Mmm«. Der Ton sollte sich an Ihren Stimmbändern gut anfühlen, ob es äußerlich nach Brummen, Krächzen oder Singen klingt, ist dabei gleichgültig. Noch einmal: Lassen Sie das »Aaa« allmählich in das »Ooo«, das »Ooo« allmählich in das »Uuu« und das »Uuu« ganz langsam in das »Mmm« übergehen. Wichtig ist nicht die Klarheit der Vokale, sondern der allmähliche Übergang.

Om nama Shivaja

Bei der Übersetzung von Sanskrit-Texten wird es immer ein wenig kompliziert, denn jedes Wort kann mehrere Bedeutungen haben. Hinzu kommt eine unüberschaubare Zahl an Göttern, Lehren und Auslegungen der Lehren. Insofern kann man indische Mantras nur ungefähr übersetzen, und jede Meinung wird eine Gegenmeinung hervorrufen. Um die Verwirrung noch zu vervollständigen, erheben manche Religionsgemeinschaften in Europa und den USA das Copyright auf bestimmte Mantras (natürlich sehr zur Belustigung der indischen Lehrer), und manche Mantras werden bei bestimmten Ausbildungen für viel Geld verkauft. In dieser babylonischen Verwirrung wird jeder Versuch, ein Mantra zu übersetzen, Stürme der Entrüstung hervorrufen, die aber glücklicherweise ungehört an meinem Ohr vorbeigehen. Meine Forschungen haben folgende Interpretation ergeben:

Om nama Shivaja – »Ich ergebe mich der Liebe«. Shiva, der Weltzerstörer, ist der Gott, der die Dinge von uns nimmt und damit Vergänglichkeit symbolisiert. Gleichzeitig schwingt jedoch in diesem Mantra das Wissen um einen Neuanfang mit. Ich ergebe mich der Liebe, ich unterwerfe mich dem Prinzip der Vergänglichkeit, jedoch im Wissen darum, dass auf zerstörtes Altes etwas Neues folgt.

Ich lernte dieses Mantra erstmals 1994 während eines Fastenseminares, das ich gemeinsam mit Dr. Ruediger Dahlke leitete, kennen. Zu dieser Zeit hatten sich, wie schon öfters in meinem Leben, die alten und vertrauten Dinge aufgelöst und das Neue war noch nicht sichtbar. Ich befand mich daher in einem Gefühlszustand des Schmerzes und des Abschieds. In dieser Situation konnte mir *Om nama Shivaja* eine Menge Trost und Kraft spenden. Als ich es zwei Jahre später auf einer CD herausbrachte, empfanden manche meiner Bekannten es als kitschig, was ich jedoch nicht als Kritik empfand. In einer Leidenssituation kann Kitsch zu einem echten Seelenbalsam werden. Wenn ich einen Kamillentee trinke, kann dieser bei Magenproblemen sehr wohltuend sein, im gesunden Zustand schmeckt er jedoch möglicherweise schal und langweilig. Mantras sind eben auch und vor allem Medizin.

Hey Ram Jay Ram Jay Jay Ram (»Ich vergebe alles«)

Dieses Mantra wurde im 20. Jahrhundert vor allem deshalb weltberühmt, weil es die letzten Worte des sterbenden Mahatma Gandhi waren, nachdem die Kugel des Attentäters ihn getroffen hatte. Obwohl ich nicht beurteilen kann, ob es den Zustand der

Erleuchtung tatsächlich gibt, glaube ich, dass wir bei Gandhi ein leuchtendes Beispiel der hinduistischen Ideale wie Aufopferungsbereitschaft, Nächstenliebe und Vergebung sehen können.

Ich habe dieses Mantra auf einer CD mit der Melodie der südafrikanischen Nationalhymne unterlegt, die ich innerlich immer mit Nelson Mandela in Verbindung bringe. Wir haben dieses *Hey Ram Jay Ram Jay Jay Ram* vor allem zu Übergangsritualen, beispielsweise bei Silvesterkursen gesungen und fühlten deutlich eine Atmosphäre der Vergebung, wobei sich diese in erster Linie auf einen selbst beziehen sollte. Ich würde demnach dieses Mantra sowohl als Vergebungs- als auch als Selbstvergebungs-Mantra interpretieren.

Buddhismus

Der Buddhismus kennt drei wesentliche Mantras:

- *Aoum* oder *Om* im indischen Buddhismus
- *Om mani padme hum* im tibetischen Buddismus
- *Mu* im japanischen Zen-Buddhismus

Obgleich viele Versuche gemacht wurden, diese Mantras zu übersetzen, klingen diese Versionen stets recht abstrakt und wirken »unserer Welt entrückt«. Dies liegt daran, dass der Buddhismus letztlich eine Erfahrungswissenschaft ist, und die einzige Möglichkeit, Mantras zu erfahren, ist es, sie zu rezitieren. Die oben stehende Übung zum auch im Hinduismus zentralen *Om* bietet sich dafür gleich an.

Om mani padme hum

Ich erfuhr dieses Mantra vor allem bei langen Spaziergängen, habe es aber in letzter Zeit auch mit einer traditionellen tibetischen Gebetstrommel rezitiert. Dies war für mich insofern interessant, als dass ich dabei wieder einen Polyrhythmus nutzte. Das *Om mani padme hum* hat nach meiner Erfahrung einen stark beruhigenden Effekt, es ist aber bei weitem nicht der einzige.

Wenn Sie dieses Mantra intensiver kennen lernen wollen, empfehle ich Ihnen das Buch »Grundlagen tibetischer Mystik« von Lama A. Govinda.

Mu

Mu ist das Mantra für Leere, wie das *Om* können Sie es durch Singen oder Murmeln erfahren, wie es auch die Praktizierenden des Zen tun. Im Buch »Nada Brahma. Die Welt ist Klang« von Joachim-Ernst Berendt finden sich viele weitere Informationen zu diesem buddhistischen Mantra.

Neben den fünf Weltreligionen gibt es noch einige hundert anderer Glaubensrichtungen, ganz abgesehen von den vielen Philosophien mit religiösem Hintergrund. Und fast alle kennen und rezitieren Mantras. Ich möchte hier stellvertretend die Philosophie des Konstruktivismus als sechste große Strömung vorstellen, weil ich davon überzeugt bin, dass sie eine neue Form des Universalglaubens für das 21. Jahrhundert darstellt.

Konstruktivismus

Der Konstruktivismus geht in seiner Urform auf den Philosophen Immanuel Kant zurück und wurde in den letzten 200 Jahren fortlaufend weiterentwickelt, im 20. Jahrhundert vor allem durch den Psychotherapeuten und Philosophen Paul Watzlawick sowie der von ihm initiierten Palo-Alto-Gruppe in Kalifornien. Entscheidende Bestätigung erfuhr der Konstruktivismus durch die psychologische Forschung, die Gehirnforschung sowie die Quantenphysik.

Die wichtigsten Mantras des Konstruktivismus lauten:
- *The brain runs on fun.* (»Das Gehirn arbeitet mit Spaß.«)
- *Gedanken erschaffen die Welt.*
- *Verantwortung führt zur Freiheit.*

Alle drei Mantras beschreiben unsere Fähigkeit, mit den eigenen Gedanken die Wirklichkeit zu erschaffen. Also:

- Spaß ist der Motor unserer Kreativität
- Gedanken erschaffen sie
- Verantwortung für unser So-Sein ist der erste Schritt auf dem Weg zur Freiheit, ob wir sie nun in Form einer Psychotherapie übernehmen und damit die allmähliche Befreiung von Kindheitsmustern anstreben, ob wir uns Philosophie und Wissenschaft zuwenden und damit der Erkenntnis, dass wir die Schöpfer unserer Welt sind, oder ob wir Spaß und Lebensfreude in unser Leben integrieren und damit den Opferstatus loslassen und die Fähigkeit erproben, uns selbst zu verzeihen.

Das Singen klassischer Mantras

Mit dem Singen der traditionellen Mantras kann man viel erreichen (wir werden uns damit noch ausführlich beschäftigen). Aber: Es entsteht zwar ein wunderschöner Doppeleffekt, wenn Sie mit gesungenen Mantras sowohl Blockaden in Ihrer Stimme befreien als auch auf Ihren inneren Heiler einwirken wollen, Sie sollten aber darauf achten, keinen allzu hohen Anspruch zu entwickeln und alle Ziele gleichzeitig verwirklichen zu wollen. Die größte Gefahr liegt beim Singen traditioneller Mantras darin, dass es zu »heilig«, zu »religiös«, zu abgehoben und damit unauthentisch werden könnte. Der Versuch, allzu spirituell und nahezu erleuchtet zu sein, mündet in der Regel nicht in Erleuchtung. Obwohl ich das Glück habe, mehrere buddhistische und hinduistische Meister über längere Zeit zu kennen, habe ich bisher noch nicht einen von ihnen über Erleuchtung sprechen hören. Allerdings hörte ich oft Menschen, die in ihrem Leben etwas verändern wollen, aber nicht so recht wissen, wie, über Erleuchtung sprechen. Erlauben Sie mir deshalb, den berühmten Yogi Zakkir

Hussain zu zitieren: »Solange ich in der Polarität lebe, geht mich die Erleuchtung nichts an, und wenn ich erleuchtet werden sollte, wird mich die Polarität nichts mehr angehen.«

Wenn Sie also Mantras singen, dann sollten Sie dies ausschließlich und ohne jeden Hintergedanken für den jetzigen Moment tun, jeden Gedanken an spirituelles Wachstum oder gar Erleuchtung sollten Sie vermeiden. Wenn Sie nicht bereit sind, das Mantra-Singen als eine Art Hier-und-Jetzt-Ritual zu erleben, wäre es besser, es zunächst sein zu lassen. Sie würden es bei anderen Menschen sicher auch nicht als Zeichen ihrer seelischen Reife werten, wenn diese nur deshalb beten, damit Gott ihnen irgendwann in der Zukunft gnädig gestimmt sein möge. Mantras mit der Hoffnung auf Erleuchtung zu singen, entspräche jedoch genau dieser Dynamik.

Aus Indien und Südostasien kennen wir das Mantra-Singen in der Gruppe. Dies kann eine wunderbare Erfahrung sein und ist auf jeden Fall zu empfehlen. Allerdings sollte es nur eine Ergänzung zu Ihren eigenen Gesangserlebnissen sein, niemals ein Ersatz. Was könnte es aus Sicht der persönlichen Wachstumsidee Sinnloseres geben, als dass wir unsere Autonomie untergraben? Hier liegt ohnehin der große Zwist zwischen Psychologie und jeder Art von »Sekte«: Die einen setzen auf persönliche Autonomie, die anderen auf einen (natürlich erleuchteten) Guru, der ihnen den Weg weisen kann. Leider gibt es die eine oder andere Sekte, welche die Wirksamkeit der Mantras kennt und für ihre Zwecke zu nutzen versucht. Sie können jedoch schnell herausfinden, ob der Lehrer und die Gruppe seriös sind oder nicht: Wenn der Gruppenleiter deutlich macht, dass die Mantras nur in seiner oder der Gegenwart der Gruppe wirklich wirken und dass er besondere Mantras kennt, die anderen überlegen sind, dann sollten Sie das Weite suchen. Hier geht es höchstwahrscheinlich nicht um Ihren inneren Heiler, sondern um sein Bankkonto.

Traditionelle Mantras haben fast immer einen religiösen Hintergrund, was jedoch nicht bedeutet, dass sie nur in Verbindung mit der Religion erfahren werden können. Unser Gehirn reagiert ebenso intensiv auf sie, wenn wir Atheisten sind. Die Tatsache, dass Mantras einer bestimmten Religion entsprungen sind, bedeutet zudem keinesfalls, dass sie noch immer Teil dieser Religion sein müssen. Die moderne Chemie entwickelte sich ja auch aus der Alchemie, einer primär esoterisch orientierten Wissenschaft. Entgegen landläufiger Meinung ging es bei den Alchemisten jedoch nicht nur um den Versuch, Blei in Gold zu verwandeln (ebenso wenig wie es bei den Freimaurern nur darum ging, »frei zu mauern«), sondern ebenso um sehr pragmatisch orientierte Laborarbeit: ein Ergebnis alchemistischer Experimente war beispielsweise die Entdeckung des Phosphor. Dieser magisch orientierte Vorläufer der Wissenschaft legte also den Grundstein für die moderne Chemie. Ebenso entwickelten sich aus der religiösen Tradition der Mantras zahlreiche mentale Techniken, die von der modernen Psychologie übernommen wurden. Genau wie die Wissenschaften wandelten sich auch die Mantra-Praxis, je nachdem, welche kollektiven Erfahrungen eine Generation in ihrem Zeitalter machte, ob Krieg oder Frieden, Aufklärung oder Diktatur, eine Stimmung der Resignation oder eine der Hoffnung herrschte.

Wenn wir also die religiösen Hintergründe der Mantras betrachten, so sind diese als Möglichkeit zu sehen, die Vielfalt der spirituellen Bestrebungen auf unserem Planeten kennen zu lernen und zu spüren, zu welcher Religion (und welchen Mantras) man sich mehr hingezogen fühlt und zu welchen weniger. Keinesfalls möchte (und kann) ich Patentlösungen anbieten – im Stile von »Diese Mantras führen am schnellsten zur Erleuchtung und jene können Sie sich sparen«. Als Musiker war ich schon immer von der so genannten Weltmusik fasziniert, der Vermischung und gegenseitigen Befruchtung verschiedener Kulturen. Um dies jedoch wirklich musikalisch ausdrücken zu können, war es notwendig, die Traditionen in ihrer ursprünglichen und überlieferten Form zu studieren. Aus dieser Haltung heraus habe ich Ihnen hier ein paar klassische Mantras vorgestellt, nicht als dogmatische Lehre, sondern als Anregung, die Ursprünge kennen zu lernen. Später können Sie dann Ihre eigenen Mantras erschaffen.

Die heilende Kraft der inneren Stimme

Ein Großteil der psychologischen, psychosomatischen und religiösen Erfahrungswissenschaften basiert auf dem Wissen um die Macht unserer inneren Stimme. Trotzdem haben nur sehr wenige Menschen Erfahrung im Umgang mit diesem Bereich ihres Wesens, was umso erstaunlicher ist, als wir heute eindeutige wissenschaftliche Beweise aus der Gehirn- und Glücksforschung vorliegen haben, die belegen, welch ungeheure Macht unsere innere Stimme über unseren Organismus hat und in welch hohem Masse sie über Krankheit und Gesundheit entscheidet. Sie tut dies nicht nur bei den anerkannten psychosomatischen Krankheiten. Dank der Arbeiten des amerikanischen Krebsforschers Carl Simonton kennen wir heute auch ihre Macht bei der Bekämpfung von Tumoren. Angesichts dieser erstaunlichen Dimension unserer mentalen Kräfte scheint es mehr als sinnvoll, die Wirkungsweise unserer inneren Stimme besser zu verstehen und nutzen zu lernen. Dass dies möglich ist, hat die Wissenschaft in den letzten Jahren wiederholt bewiesen. Es geht nicht im dogmatische oder religiöse Sichtweisen, sondern ich stelle also hier keine vagen Vermutungen an und möchte Ihnen auch nicht meine Meinung aufzwingen. Es geht nicht um dogmatische oder religiöse Sichtweisen, sondern ich werde Ihnen vielmehr verschiedene Argumente und Betrachtungsweisen vorstellen, inwieweit unsere innere Stimme die Gesundheit erhalten beziehungsweise wiederherstellen kann. Auch auf diesem Weg möchte ich Sie dazu einladen, Mantras kennen zu lernen. Einiges, was ich Ihnen über sie zu erzählen habe, wird wahrscheinlich vollkommen neu für Sie sein – was auch immer Sie bisher über Mantras gehört oder erfahren haben: Ihre wahre Bedeutung geht weit über herkömmliche Erwartungen hinaus.

Mantras im Fußball

Fangen wir gleich mit einem Beispiel an, das auf den ersten Blick nichts mit Heilung und dem Streben nach Erleuchtung zu tun hat: Im Herbst 2005 übernahm ein ehemaliger Fußballstar die Aufgabe, die deutsche Nationalmannschaft zu trainieren. Die Deutschen hatten vor allem durch spektakuläre Niederlagen von sich reden gemacht, aber da die nächste Weltmeisterschaft im eigenen Land stattfinden würde, wollte man sich nicht total blamieren und hoffte, zumindest das Achtel- oder Viertelfinale zu erreichen. Innerhalb kürzester Zeit war der junge Trainer bei den konservativen Medien verhasst, denn er kümmerte sich nicht um gewachsene Hierarchien, gab fast keine Interviews und ließ Stars auf der Ersatzbank sitzen. Stattdessen gab er ein Mantra aus: »Wir sind ein Team.« Spezielle, aus Amerika importierte Motivationstrainer wiederholten diese Sätze während aller Trainingseinheiten wieder und wieder. »Ihr müsst mit diesen Mantras einschlafen und ihr müsst mit ihnen erwachen«, lautete eine Richtlinie. Man achtete insbesondere darauf, dass jeder Spieler diesen Satz um die zweihundert Mal am Tag hörte und mit der inneren Stimme nachsprach: »Wir sind ein Team.« Die Kraft dieses Mantras war enorm. Der Trainer, Jürgen Klinsmann, betonte bei verschiedenen Gelegenheiten, er habe seine Methoden nach den neuesten Erkenntnissen der Gehirnforschung ausgerichtet. Interessanterweise wirkte das Mantra auch als machtvoller Schutzschild gegen Rassismus und Intoleranz – es wurde zu einem Schutz-Mantra gegen Rohheit und Dummheit.

Der mentale Lärm

Um Mantras zu verstehen, ist es zunächst wichtig, sich mit der Dynamik unserer inneren Stimme zu beschäftigen. Die innere Stimme gleicht bei den meisten Europäern einem unerzogenen Kind. Wenn Freunde und Bekannte zu Besuch sind, kann sich dieses Kind meist einigermaßen benehmen, sobald man aber mit ihm allein ist, tanzt es einem buchstäblich auf der Nase herum, man ist ihm schutzlos ausgeliefert. Als Vater oder Mutter dieses Inneren-Stimme-Kindes haben die meisten Menschen im Laufe der Jahre alle Erziehungsversuche aufgegeben, denn jedes Mal, wenn sie versuchten, etwas zu verändern, verschlimmerten sie damit die Situation. Im Laufe der Zeit hat dieses Innere-Stimme-Kind jede Menge Geschwister bekommen, die nach Herzenslust herumschreien, jammern, beleidigt sind, zu allem ihren Kommentar abgeben und jede Menge Dramen inszenieren, Tendenz steigend.

Eckhart Tolle spricht in diesem Zusammenhang von mentalem Lärm. Diese unerzogenen inneren Stimmen quälen ihre Besitzer und stellen in den Industrieländern mittlerweile eine der größten Bedrohungen für die Volksgesundheit dar. Die Unfähigkeit, sie im Zaum zu halten, wird für Depression, Burnout-Syndrom, Panikattacken, chronischen Stress mit allen Folgeerkrankungen sowie Teile der Midlife-Crisis verantwortlich gemacht. Nicht nur die Psychologie verweist immer wieder auf dieses Problem – es ist die Königin der Naturwissenschaften, die Quantenphysik, die stets betont, dass wir unseren Organismus mit Gedanken erschaffen, dass wir im Inneren, dem Inneren des Atoms, einen Energiezustand vorfinden, der als Gedanke, als Idee bezeichnet werden muss. Wenn wir unsere Gedanken schalten und walten lassen, wie sie wollen, werden sie unserem Körper massiven Schaden zufügen, so wie ein unerzogenes Kind unserer Wohnung ordentlich Schaden zufügen kann. Fast alle Religionen und psychologischen Lehrsysteme sind sich darüber einig, dass es fatal ist, diese Stimmen ungehindert vor sich hin brabbeln zu lassen. Es gibt hunderte von Systemen und Methoden, um diesem inneren Durcheinander zumindest ein Minimum an Erziehung angedeihen zu lassen, von Meditation über Yoga und Mantra-Rezitation bis zur modernen Psychoanalyse.

Die meisten werden vermutlich dann anfangen, Erziehungsmaßnahmen einzuleiten, wenn die innere Stimme sie in den

Wahnsinn treibt und sie der Verzweiflung nahe sind. Das tun wir nicht dann, wenn für uns alles glattläuft. So verhält es sich eben meist mit Meditation, psycho-therapeutischen Maßnahmen und dem Rezitieren von Mantras: Es sind Systeme zur Krisenbewältigung, die später jedoch zu einem wichtigen Halt und sogar zu einem Lebensinhalt werden können. Meine Motivation, Ihnen in diesem Buch die Wirkung und Bedeutung von Mantras vorzustellen, ist einfach: Mantras wirken, und sie können dies in Lebenskrisen sehr effektiv tun. Falls Sie schnelle Unterstützung brauchen, können Sie noch heute damit beginnen, sie zu üben. Sie benötigen hierzu keinerlei Vorkenntnisse, keine Kirche und keinen Ashram, und die Mantras wirken auch dann auf das menschliche Gehirn, wenn man nicht an sie glaubt. Ich möchte betonen, dass ich der modernen Wissenschaft ebenso nahe stehe wie spirituellen Konzepten und keiner Konfession oder religiös motivierten Gemeinschaft angehöre. Dies zu betonen erscheint mir wichtig, da gerade beim Thema Mantras Sekten und Kirchen kräftig auf dem Markt mitmischen und neben dem Versuch, ihre Hilfe anzubieten, auch Weltbilder und Ideologien verkaufen wollen. Mantras, in dem Sinne, wie ich sie Ihnen vorstellen möchte, sind international, ohne institutionalisierten religiösen oder ideologischen Anspruch, und ebenso psychotherapeutisch wie spirituell motiviert.

Warum aber, so könnte man fragen, nutze ich einen Sammelbegriff wie »Mantras« für so vielschichtige Inhalte wie Autosuggestion, Affirmation, Gebet, Selbsthypnose und Psycho-Neuro-Immunologie? Die Grenzen zwischen diesen Fachbegriffen verschwimmen. Und weil es sich so kompliziert darstellt, ist es sinnvoll, einen Sammelbegriff zu verwenden, der alles unter einem gemeinsamen und Verständnis schaffenden Nenner sammelt. In den vielen Gesprächen und Interviews, die ich im Laufe der Jahre geführt habe, waren es immer nur die Fachleute aus der Psychologie und der Religionswissenschaft, und von diesen auch nur die Mitteleuropäer, die sich an dem von mir verwendeten Sammelbegriff »Mantras« störten. Psychologen aus dem englischsprachigen Raum hatten damit nicht das geringste Problem, da die Bezeichnung dort ohnehin schon alltäglich und geläufig ist.

Mantras bei Lebenskrisen

Wenn Menschen in eine Krise rutschen, entwickelt ihre Seele sehr oft eine Art Mantra-Reflex. Ohne es geplant oder geübt zu haben, beginnt man Notfall-Mantras vor sich hin zu murmeln oder wieder und wieder durch den Kopf kreisen zu lassen. Das sind Sätze wie »Ich schaffe das, ganz ruhig« oder »Alles wird gut«. Wenn vielleicht sogar das Leben in Gefahr ist, kommen Sätze wie »Gott steh mir bei« oder »Ich werde das überstehen« hinzu.

In ihrer Ur-Form können Mantras also durchaus als neurologisch wirksames Gegengift bei Panikzuständen und Todesängsten entstanden sein. Wenn das Schlimmste dann überwunden ist, bleiben viele Menschen bei ihren Mantras, denn sie fühlen, dass sie weiterhin Hoffnung und Kraft spenden. Aus dem Satz »Gott steh mir bei« wird dann beispielsweise der Satz »Gott, ich danke dir«. Dieses Phänomen beleuchtet zum Teil den so genannten Krankheitsgewinn: Viele Menschen, die durch eine Lebensphase der Dunkelheit gehen mussten, sind nach der Krise zu weit intensiveren Glücksgefühlen fähig. Indem sie ihre Mantras weiter im Kopf haben, sie mit der inneren oder äußeren Stimme sprechen und dabei beispielsweise dem Schicksal für die Errettung danken, stabilisieren sie nicht nur ihren Gehirnstoffwechsel, sie weisen dem erlittenen Leid auch einen Sinn zu. »Gerade weil ich durch die Hölle der Schützengräben gehen musste, kann ich heute das ungeheure Glück wahrnehmen, unter einem Baum zu sitzen und dem Fluss der Zeit zu lauschen. Wer das Grauen nicht kennen gelernt hat, kann auch die Schönheit des gegenwärtigen Moments nicht erkennen«, schrieb Erich M. Remarque, Autor des Anti-Kriegs-Epos *Im Westen nichts Neues* in einem Zeitungsartikel. Der Mensch ist zu ungeheuren Taten fähig, wenn er seinem Leid einen Sinn zuweisen kann. Diesen Reflex teilen wir auch mit der Tierwelt. Schwedische Wissenschaftler führten in diesem Zusammenhang folgendes Experiment durch: Zunächst warfen sie zehn Ratten in ein Wasserbecken und warteten ab, wie lange es dauern würde, bis die Tiere ertrinken. Es waren knapp sieben Minuten. Im zweiten Teil des Versuchs warfen sie weitere zehn Laborratten in dasselbe Becken, retteten sie aber kurz vor dem Ertrinken. Die Wissenschaftler warfen diese Ratten dann erneut in das Becken. Mit ihrer Erfahrung einer knappen Rettung im Bewusstsein überlebten die Ratten diesmal 40 Stunden im Wasser.

Abgesehen von der Kaltherzigkeit der beteiligten Wissenschaftler zeigt uns dieser Versuch Folgendes auf: Solange wir einen Sinn darin erkennen können, weiterzustrampeln, um das Leben zu kämpfen oder einfach gern zu leben, sind wir zu ungeheuren Leistungen fähig. Daher erscheint mir die Hoffnung eine wesentliche Quelle von Mantras und Gebeten zu sein.

Das eigene Mantra finden

Im Frühjahr 2006 wurde im Zweiten Deutschen Fernsehen im Rahmen der Sendereihe »Weiterleben – Leben mit der Krise« von folgendem Fall berichtet. Ein 64-jähriger Mann erzählte, dass ihm die Diagnose »Krebs im Endstadium« gestellt worden war. Als er in seinen Büchern nach Trost suchte, fand er einen Satz, der ihn zutiefst berührte: »Ich bejahe das Leben.« Der Mann schrieb diesen Satz immer wieder auf, druckte ihn am PC aus und hängte ihn an jede wichtige Stelle in seinem Haus. Er berichtete, dass er das Mantra von morgens bis abends vor sich her sagte, und Stück für Stück fühlte er, wie zunächst die Hoffnung und schließlich die Zuversicht in seinen Körper zurückkehrten. Der Mann ist inzwischen seit 14 Jahren krebsfrei, rezitiert aber weiterhin so oft er kann sein Mantra. »Der Krebs beobachtet mich, das fühle ich«, sagte er, »aber ich beobachte den Burschen auch. Vor allem aber bin ich nicht mehr hilflos.«

Dieses Beispiel zeigt uns einen äußerst wichtigen Punkt auf. Es kann nicht »das universelle Heilungs-Mantra« geben, dieser Mann hatte sein ganz eigenes, unkonventionelles Mantra gefunden. Abgesehen davon kann uns ein und dasselbe Mantra in einer Lebensphase helfen und in einer anderen Lebensweise schaden. Das eigene Mantra zu finden bedeutet somit auch, sehr intensiv auf die eigene Intuition zu lauschen. Man nimmt mit etwas Geduld und Feingefühl sehr deutlich wahr, ob ein Mantra innerlich schwingt und guttut. Was nützt uns ein »heiliges Mantra«, wenn es uns in einer bestimmten Lebenskrise nicht helfen kann?

Insofern scheint es mir nicht vordergründig wichtig, über heilige Mantras, die schon durch ihren Klang heilende Energien freisetzen können, nachzudenken. Es scheint mir sehr viel eher zielführend, aufmerksam darauf zu achten, welches Mantra in der eigenen Seele mitzuschwingen scheint, wenn Sie es hören oder lesen. Vielleicht taucht auch ein Wortlaut aus Ihrem Inneren auf, den Sie noch nirgendwo gelesen oder gehört haben, von dem Sie aber spüren, dass es ein Mantra ist, das Ihnen jetzt helfen kann. Aus diesem Grund bin ich auch der Meinung, dass es bei innerlich rezitierten Mantras am sinnvollsten ist, die eigene Sprache zu verwenden. Während es bei gesungenen Mantras günstiger sein kann, in einer fremden Sprache zu singen – wie wir noch sehen werden –, scheint es beim innerlichen Rezitieren für unser Gehirn leichter zu sein, zu unserer eigenen Sprache eine Beziehung aufzubauen und damit die Mantras zu einem Teil unserer inneren Welt zu machen. Wir wissen ja aus unserer Geschichte, wie bedeutend es von Martin Luther war, den Menschen die Bibel und damit auch die Gebete in der eigenen Sprache zugänglich zu machen. Ich habe dieses Thema bei allen meinen Interviews angesprochen und keiner der buddhistischen und hinduistischen Lehrer war der Meinung, dass die Mantras nur in der Originalsprache Wirkung zeigen können. Diese Ansicht habe ich nur bei Menschen, die kommerzielle Interessen mit den Mantras verbanden, beobachten können.

Die von Carl Gustav Jung geprägte Psychotherapie dreht sich vor allem um den Begriff der Individuation, der Selbstwerdung, die schon von Friedrich Nietzsche mit den Worten »Werde der du bist« beschrieben wurde. Diese Individuation möchte ich auf Mantras und Gebete ausweiten, indem ich anrege, dass jeder »sein« Mantra finden und immer wieder neu finden sollte. Es gibt keine Patentlösung.

Ein Beispiel mag dies verdeutlichen: 1991 versuchte eine amerikanische Spezialeinheit, den somalischen War-Lord Mohammed Aidid zu entmachten und ihn damit am fortgesetzten Massenmord an seiner Bevölkerung sowie an UNO-Friedenstruppen zu hindern. Einer der Soldaten hatte ein Mantra, für das er in der gesamten Einheit bekannt war, denn er hatte sich damit über die schwere Ausbildung und so manche brenzlige Situation gerettet. Es lautete: »It's nothing« (Es ist nichts). Während dieses Angriffes in Mogadischu in Somalia jedoch wurde er tödlich verwundet und starb in den Armen eines Kameraden. Er hat natürlich gelitten, doch als er fühlte, dass es zu Ende ging, wurde er ganz ruhig und sprach immer wieder »sein« Mantra: »It's nothing.« Seine Kameraden begannen, das Mantra mit ihm zu sprechen, und berichteten später, dass sie alle Trost daraus geschöpft hätten. Es mag uns profan erscheinen, als Mantra »It's nothing« zu sprechen, doch wie wir an diesem Beispiel gesehen haben, kommt es auch auf die Situation an, nicht nur auf den Wortlaut und Inhalt. Und so profan war dieses Mantra auch gar nicht. Ein traditionelles japanisches Sterbegebet lautet:

»Aus dem Nichts bin ich gekommen,
ins Nichts kehre ich zurück,
alles, was ich dachte und tat,
war nur ein Traum in einem Traum.«

Basismantras

Wenn man versucht, das gemeinsame Potential von Mantras und Gebeten aus den unterschiedlichsten religiösen Richtungen herauszufiltern, kristallisieren sich die folgenden Themen oder Kernbegriffe als die wichtigsten heraus:

- Mitgefühl mit allen lebenden Wesen (Demut)
- Hier und Jetzt (Präsenz)
- Alles ist gut so, wie es ist (Dankbarkeit)
- Ich bin gesund (das Bewusstsein meiner wahren Natur)

Es handelt sich um die elementarsten menschlichen Weisheitssätze und zugleich um nicht-polare Mantras. Nicht polar bedeutet in diesem Zusammenhang, dass Gesundheit, in der Gegenwart zu leben, die Dinge so anzunehmen, wie sie sind, und Mitgefühl zu empfinden nicht unbedingt das Resultat eines vorherigen leidvollen Zustandes sein müssen. Sie sind ganzheitlich, unabhängig von so etwas wie ihrem Gegenteil, und sie können daher sowohl in glücklichen als auch in unglücklichen Lebensphasen rezitiert werden. Alle religiösen Philosophien enthalten in ihrem Kern einen ganzheitlichen Ansatz.

Laut Religionsforschung beschreiben diese vier Mantras den natürlichen Zustand des Menschen, denn Krankheit und Leid – so lehren die ältesten Religionen – sind nicht als Teil unseres Wesens, sondern vielmehr als ein Abgetrenntsein von unserem wahren Selbst zu betrachten, und dieses Selbst besteht aus (göttlicher) Energie. Wir haben diese ganzheitliche Lebenseinstellung in den Industrienationen über lange Zeit belächelt, denn immerhin waren wir es, die endlich die großen Seuchen überwunden und eine in der Welt einzigartige Chirurgie geschaffen haben. Selbst der Dalai-Lama räumt ein, dass die tibetische Medizin sehr gut als Präventiv-Medizin geeignet sei, aber als Notfallmedizin »hoffnungslos«.

Insofern schienen uns die religiösen Ideen naiv, denn der Mensch wird nun mal krank, man kann jedoch operieren und

Medikamente verabreichen und ihm damit das Leben retten. Man hatte sich lange genug anhören müssen, dass nur Gebete heilen können, und unzählige Menschen waren als Resultat dieser Philosophie an jeder Kleinigkeit gestorben. Damit war nun Schluss, und das war gut so: Die neue Religion war die Wissenschaft. Als jedoch genau diese neue Religion immer weiter in das Wesen der Materie vordrang, fand man zum großen Erstaunen und mancherlei Entsetzen viele der religiösen Aussagen bestätigt. In religiösen Anschauungen wird beispielsweise betont, dass der Mensch aus (göttlicher) Energie bestehe, und in der Quantenphysik wird beschrieben, dass wir, je weiter wir in die Welt der kleinsten und allerkleinsten Partikel vordringen, Leere und Vakuum vorfinden. In der Welt der Quanten ist die Materie am ehesten mit einem Gedanken oder einer Idee zu vergleichen, sie besteht aus reiner Energie. (Ob wir sie »göttliche« oder »Quantenenergie« nennen ist unerheblich.) Und in letzter Zeit konnte schließlich experimentell nachgewiesen werden, dass Gedanken unseren Körper nicht nur beeinflussen, sondern langfristig durch ihre Dynamik erschaffen. Um unseren Glücksmuskel zu trainieren, können uns daher niemals äußere Faktoren wie Reichtum und soziale Faktoren weiterbringen, sondern nur unsere Gedanken. Dies ist keine wüste Spekulation, sondern eine inzwischen wissenschaftlich gesicherte Tatsache. Unser Glück hängt einzig und allein davon ab, wie wir denken. Die vier genannten grundlegenden Mantras, die Basismantras, sind beim »Glückstraining« höchstwahrscheinlich die wirksamsten Sätze, die wir Menschen kennen.

Mitgefühl und Demut

Auf den ersten Blick scheint es so, als sei Mitgefühl vollkommen selbstlos und auf andere Wesen bezogen. Das liegt jedoch teilweise an unserer Sprache und einer gewissen Verzerrung durch die Übersetzungen aus den religiösen Originaltexten. Im Englischen lautet das Wort für Mitgefühl beispielsweise *compassion*, ein Wort, in dem die »Passion«, die Leidenschaft mitschwingt. Sich in andere Wesen einzufühlen, kann zu einer großen Leidenschaft werden, denn gerade das Mitgefühl kann intensive Gefühle der Zufriedenheit und des Glücks auslösen. Eine mögliche Erklärung sind die beschriebenen Gamma-Wellen, denn das Mitgefühl führt zu einer stärkeren Vernetzung unserer Gehirnareale. Eine weitere besteht darin, dass man durch das Mitgefühl seine Einsamkeit und Isoliertheit überwinden kann, es ist im Grunde genommen eine Anti-Ego-Therapie. Im Laufe seiner Evolution lernte der Mensch, wie extrem wichtig es ist, soziale Kontakte zu knüpfen, die aktuelle Rangordnung im Stamm zu kennen, zu wissen, wer sich mit wem paart, und nicht zuletzt zu wissen, aus welcher Richtung Konflikte zu erwarten sind. Wenn man heute anderen Menschen im Clan half, halfen diese oder ihre Nachkommen morgen vielleicht einem selbst. Daher war das Mitgefühl nicht unbedingt selbstlos, es sicherte unter Umständen auch das eigene Überleben.

Es geht aber über das hinaus: Gerade östliche Religionen betonen, dass alles Existierende miteinander verbunden und letztlich eins ist. So erleben wir uns zwar meist isoliert von anderen Wesen und Dingen, dennoch sind wir mit allem verwoben - und der viel zitierte Flügelschlag eines Schmetterlings kann eine Kettenreaktion auslösen, die alles Lebendige einbezieht. Eine solche Anschauung führt zwangsläufig zu Mitgefühl, denn was einem anderen geschieht, hat immer auch mit mir selbst zu tun.

Als Resultat des Mitgefühls entsteht die Demut: Wenn man beginnt, mit anderen Menschen zu fühlen, auch und vor allem mit ihrem Leid - auch eine Bedeutung von »Passion« -, öffnet man sich dem Gefühl der eigenen Verletzlichkeit, also einer Emotion, die sich nicht angenehm anfühlt und die man eigentlich vermeiden will. Und doch kann uns das Wahrnehmen dieser Verletzlichkeit sehr helfen. Die Demut verhindert in erster Linie, dass wir das Opfer unserer eigenen Ego-Trips wie Stolz, Eitelkeit und anderer »Primärsünden« werden.

Die Evolution hat uns entsprechend programmiert: Alle Säugetiere vermeiden unbefriedigende Situationen und wollen befriedigende Situationen aufsuchen. Sich also freiwillig der Leidenserfahrung anderer Wesen zu öffnen, ist eine Fähigkeit, die nur der Mensch entwickelt hat, sie macht uns vor allen anderen Gefühlen zum Menschen. Von den großen Religionen sind es der Buddhismus und das Christentum, die das Mitgefühl an zentraler Stelle betonen.

Hier und Jetzt – Präsenz

Die Fähigkeit, im gegenwärtigen Moment zu leben, wird von der psychologischen Forschung als diejenige betrachtet, die dem Menschen im Zuge der Industrialisierung am deutlichsten verloren gegangen ist. Dabei muss der Mensch nicht lernen, in der Gegenwart zu leben, denn dies ist sein vollkommen natürlicher Zustand. Vielmehr lernt er spätestens beim Eintritt in unser Schulsystem systematisch, es zu verlernen. Dies hat sogar einige gute Gründe, auf unseren Glücksmuskel wirkt es sich jedoch katastrophal aus.

Es wieder zu entdecken, ist ähnlich aufwendig, wie es für das Kind einmal war, es zu vergessen. Trotzdem führt sowohl in der Glücksforschung als auch in den spirituellen religiösen Systemen kein Weg um die Gegenwart herum, sie ist das Fundament, auf dem Bewusstheit und Weisheit aufbaut. Auf den ersten Blick sieht es so aus, als ob das Gegenwartsbewusstsein vor allem im Buddhismus hervorgehoben wird, auf den zweiten Blick findet man jedoch in allen Religionen Hinweise darauf. Kirchenunabhängige Religionsforscher gehen davon aus, dass das Gegenwartsbewusstsein ab einem bestimmten Punkt mit dem Dogma des Vatikans nicht mehr vereinbar war, vor allem ab dem zwölften Jahrhundert, als die Lehre von Himmel und Hölle immer stärker verbreitet wurde. In diesem Weltbild war plötzlich die Zukunft wichtiger als die Gegenwart geworden, und somit musste die Bibel wieder einmal nachgebessert werden. Man übersah aber einiges, denn das folgende Zitat von Jesus (falls authentisch) kann als klares Bekenntnis zum Hier und Jetzt ausgelegt werden: »Noch heute kannst du mit mir und meinem Vater im Himmelreich weilen.« Falls dies keine Aufforderung zum Suizid ist, was wir kategorisch ausschließen können, kann es nur als Einladung in den gegenwärtigen Moment interpretiert werden, vor allem weil Jesus keinerlei Bedingungen an diesen Zustand des Himmels knüpfte.

Alles ist gut so, wie es ist – Dankbarkeit und Vertrauen

Fast jeder Mensch wird in einer glücklichen Lebensphase diesem Mantra vermutlich von Herzen zustimmen, es in einer Unglücksphase jedoch als grausam, altklug oder zynisch empfinden. Man kann es, beispielsweise wie in der Geschichte von Hiob, als Mantra des unbedingten Vertrauens in die Allmacht Gottes und die Sinnhaftigkeit seiner Schöpfung auslegen, oder den indischen Gott Shiva darin erkennen, den Gott der ewigen Zerstörung und Erneuerung. Es gibt jedoch auch einen wissenschaftlichen Aspekt, nämlich die Fähigkeit des Mantras, unser Gefühlsleben zu beeinflussen. Indem ich lerne, mein Schicksal anzunehmen, wie es ist, weise ich dem Erlebten und Erlittenen einen Sinn zu, und das auch außerhalb von religiösem Glauben. Ganzheitliche Mantras erkennt man nicht nur daran, dass sie in jeder Lebensphase zitierbar sind, sondern auch daran, dass man sie sowohl als religiöser als auch als nicht religiöser Mensch mit Gewinn nutzen kann.

Eine indische Geschichte

Einst kam ein Gelehrter an den Königshof von Dschanapur und fragte den Haushofmeister, ob es Bedarf an seinen Diensten als Heiler gebe. Der Haushofmeister erwiderte, dass der König an einer geheimnisvollen Krankheit leide, aufgrund der seine Hand nie ganz aufhöre zu bluten. »Glaubst du, dass du dem König helfen kannst?«, fragte ihn der Haushofmeister. »Ich will es versuchen«, sagte der Gelehrte. Noch am selben Tag wurde er zum König vorgelassen. »Glaubst du, dass du mich heilen kannst, alter Mann?«, fragte der König. »Ich will es versuchen, Majestät, aber dafür benötige ich Zeit, ich muss herausfinden, warum Euer Körper diese Krankheit erschaffen hat«, erwiderte der Heiler. »So bleibt an meinem Hof, so lange es euch beliebt«, sprach der König.

Nach einigen Wochen rief der König den Gelehrten erneut zu sich. »Hast du die Ursache meiner Krankheit ergründen können?«, fragte er ihn. »Nein, Majestät«, sagte der Gelehrte, »aber mein Gefühl sagt mir, dass diese Krankheit genau das ist, was Ihr braucht. Alles ist gut so, wie es ist.« Diese Antwort gefiel dem König ganz und gar nicht, er war im Gegenteil aufs Äußerste erzürnt und wies die Wache an, den Gelehrten in den Kerker werfen zu lassen. Dann vergaß er ihn.

Einige Wochen später bereiste ein neuer Heiler den Hof des Königs, und dieser hatte einen ganz anderen Rat: »Geht mit der kranken Hand in den Dschungel, findet eine sehr seltene Heilpflanze und legt diese auf Eure Wunde.« Der König befolgte den Rat und machte sich in die besagte Gegend auf. Dort fiel er jedoch in die Hände eines wilden Stammes, der Menschen opferte und dem es egal war, dass er der König war. Als er geopfert werden sollte und der Henker schon den Speer zum Todesstoß erhob, sah der Schamane jedoch seine blutende Hand. »Dieser Mann blutet bereits, wir können ihn nicht opfern, das könnte die Götter erzürnen«, sprach er. »Lasst ihn frei.« So gelangte der König wieder in seinen Palast und ließ sofort den Gelehrten aus dem Kerker zu sich bringen. »Ich verstehe jetzt, was du mir sagen wolltest«, sprach er. »Meine Krankheit hat mir das Leben gerettet. Ich muss mich entschuldigen, dass ich dich in den Kerker werfen ließ.« »Dazu besteht nicht der geringste Anlass, Majestät«, erwiderte der Gelehrte. »Warum sagst du das«, fragte der König. »Nun«, sagte der Gelehrte, »wenn Ihr mich nicht in den Kerker geworfen hättet, wäre ich als Euer Heiler zweifellos mit Euch in den Dschungel gegangen. Dann aber hätte man *mich* geopfert.«

Ich bin gesund – Das Bewusstsein meiner wahren (Licht-)Natur

Dieses Mantra ist in vielerlei Hinsicht ein Paradoxon, denn laut schulmedizinischer Definition gibt es keinen gesunden Menschen, man müsste nur lange genug suchen und würde bei ausnahmslos jedem Menschen Krankheits-Symptome feststellen. Abgesehen davon: Wenn man gesund ist, braucht man das Mantra nicht, und wenn man krank ist, ist es eine glatte Lüge. Warum aber ist es dennoch so wichtig für den Menschen?

Das Mantra erinnert uns daran, dass es nicht unser Körper ist, der Gesundheit erlangen kann, sondern nur unser Bewusstsein. Daher sagt das Mantra auch nicht »Mein Körper ist gesund«, sondern »Ich bin gesund«. Was wir »Materie« nennen, also auch unser Körper, ist physikalisch gesehen nichts anderes als Energie, unter anderem durch Gedanken formbar. Es mag sein, dass der Körper aus dem Gleichgewicht fällt und krank wird, trotzdem ist es dann nicht nötig, dass wir uns selbst als krank definieren. Es ist eine physikalische Tatsache, dass unser Körper den Gedanken folgt, dass wir mit Gedanken unseren Körper formen können. Diese Tatsache ändert nichts an der so genannten Realität, nichts an den äußeren Umständen, aber es ändert grundlegend unsere Gefühle – und unsere »Schwingung«. Mit diesem Mantra erschaffe ich mir eine »gesunde« Wirklichkeit, und wenn ich an meine wahre »Lichtnatur« denke, erinnere ich mich daran, dass wir vor allem aus Energie bestehen.

Es mag sein, dass wir so leben, dass wir diesen Energie-Zustand niemals wahrnehmen können. Trotzdem wird dieses Bewusstsein – darüber, dass wir aus Energie und letztlich nicht einfach aus Materie bestehen – uns und unsere Handlungen grundlegend verändern. Seit wir von Bakterien und ihrer Wirkung auf unseren Organismus wissen, handeln wir als Menschheit ja auch ganz anders als früher, und das obwohl diese Bakterien für uns unsichtbar sind. So wie die Menschheit ihr Verhalten grundlegend veränderte, als sie Anfang des 19. Jahrhunderts die Hygienik einführte, so wird das Wissen um die Macht der Gedanken die Menschheit am Anfang des 21. Jahrhunderts wieder grundlegend verändern. Wir können uns eine »gesunde Wirklichkeit« erschaffen, und in dieser Wirklichkeit ist es – paradoxerweise – auch völlig in Ordnung, krank zu werden.

Basismantras als verbindendes Element

Wenn die fünf Weltreligionen sich auf einen gemeinsamen Nenner einigen müssten, also das kleinste gemeinsame Ganze, würden sie sich vielleicht auf diese vier Mantras einigen. Wenn sich jedoch die Diktaturen und militanten Sekten einigen müssten, welche Sätze auf jeden Fall zu vermeiden sind, wären es wohl ebenso diese vier. Über jedes dieser Mantras wurden bereits unzählige Bücher geschrieben, und in vielerlei Hinsicht sind sie die wichtigsten Sätze auf dem Weg zur Bewusstwerdung und eines Tages vielleicht sogar zur Weisheit.

Dabei sind sich alle religiösen Traditionen darin einig, dass wir nicht nur dann beten und Mantras rezitieren sollten, wenn es uns schlecht geht, wenn die Not es »not-wendig« macht, sondern auch in glücklichen Zeiten. Trotzdem ist es nur menschlich, vor allem dann Einfluss auf unser Unterbewusstsein und unseren inneren Heiler nehmen zu wollen, wenn wir in einer Lebenskrise sind, wenn der Leidensdruck uns zwingt zu handeln und unsere Mantras zu sprechen. Wenn der Mensch dann aber die Krise überwunden hat, ist er zu viel intensiveren Glücksempfindungen fähig als vorher.

Das schönste Mantra in diesem Zusammenhang hörte ich einmal von dem vietnamesischen Mönch Thich Nhat Hanh: »Glück ist, keine Zahnschmerzen zu haben.« Diese Lebenseinstellung erfordert zwar einiges an Übung, kann aber, wenn man sie gelernt hat, zu einer immensen Kraftquelle werden. Dies ist sozusagen »das Gute im Schlechten«, wenn man Lebenskrisen überstanden hat: Man hat die große Chance, echte Dankbarkeit zu empfinden. Bert Hellinger erzählte in seiner Vortragsreihe »Geschichten, die heilen« in diesem Zusammenhang folgende Anekdote: Zwei Freunde mussten zusammen in den Krieg ziehen und erlebten in den Schützengräben unvorstellbare Schrecken. Als sie nach einer langen Zeit wieder in die Heimat zurückkehrten, hatte der Krieg beide Männer vollkommen verändert. Der eine war nun sehr oft in Wirtshäusern anzutreffen, in denen er anderen Männern von seinen schrecklichen Erlebnissen erzählte und sich oft bis zur Besinnungslosigkeit betrank. Der andere Mann aber sprach nur sehr selten von seinen Erlebnissen, und wenn, dann nur mit Menschen, die ihm nahe standen. Für ihn waren die schlimmen Erlebnisse zu einer stetigen Quelle der Dankbarkeit und der Kraft geworden, und er dankte Gott jeden Morgen für seine Errettung. Er beschloss, sich des Geschenks des Lebens fortan als würdig zu erweisen, damit das Opfer, das seine Kameraden für ihn gebracht hatten, nicht umsonst gewesen war.

So scheint Demut die Voraussetzung für einen spirituellen Weg zu sein, und sicherlich die Voraussetzung, um Mantras zu verstehen. Ob ich mich nun an Shiva, Allah, Jesus, Moses, Buddha oder mein Unterbewusstsein wende: In meiner Bitte um Beistand und Schutz ist aller Hochmut und Standesdünkel fehl am Platz, ein Gebet ohne Demut vergiftet den Körper, heißt es.

Wenn man sich jedoch in einer gesunden und erfolgreichen Lebensphase befindet, kann man den Zustand der Not und der damit einhergehenden Demut oft nicht nachempfinden, was ja keinesfalls als unangenehm empfunden wird. Andererseits scheint menschliche Reife und seelische Tiefe vor allem damit einherzugehen, dass man Leidenserfahrungen gemacht und verarbeitet hat, was auch bedeutet, dass man sie als Körperwissen gespeichert hat. Wenn dies nicht der Fall ist, landet man schnell im so genannten Fatalismus und kann sich dem Philosophen Schopenhauer anschließen, der nach dem Studium der menschlichen Natur zu dem Resümee gelangte: »Das Leben ist wie ein Kinderhemd: kurz und beschissen.«

Gott sei Dank hatte er aber ein Gegengewicht in Immanuel Kant: »Du sollst dein Leben stetig verbessern, denn die Tatsache, dass du es kannst, ist ein klares Zeichen, dass du es auch sollst.« Und der buddhistische Mönch Matthieu Richard sagt: »Bei Mantras geht es um tiefe Veränderung deines Seins. Auf lange Sicht wird man eine andere Person.«

Mantras der Hoffnung nutzen

»Die Welt ist nicht, wie sie ist, und ich bin nicht ein Spielball mir unbekannter Kräfte. Natürlich kann ich die Wirklichkeit nicht verändern, aber ich kann meine persönliche Wirklichkeit, meine Wahrnehmung der Wirklichkeit, beeinflussen«, sagte Lu Mei. Ein Weg von vielen, um dies zu erreichen, ist es, Hoffnungs-Mantras zu rezitieren. Zusätzlich zu den vier genannten Basismantras haben sich folgende Sätze als sehr wirkungsvoll bei Lebenskrisen erwiesen:

- Ich nehme es an, wie es ist.
- Ich bin und bleibe stabil.
- Ich bitte um Schutz und Hilfe.

Man kann diese Mantras in fast jeder Situation sprechen, hierin liegt einer der Gründe ihrer hohen Wirksamkeit, denn man fühlt sich nicht ohnmächtig, kann sofort anfangen, etwas zu tun, man kann sie immer, auch während eines Verkaufgesprächs oder einer Gerichtsverhandlung, mit der inneren Stimme sprechen. Es empfiehlt sich aber, in einer Lebenskrise die Mantras möglichst oft in Bewegung zu rezitieren.

Unserem Gehirn ist es relativ egal, wo wir die Mantras sprechen, solange wir sie sprechen. Obwohl es natürlich auch zu Hause sehr gut geht, vornehmlich in Bewegung und bei einfachen Tätigkeiten, empfehle ich mindestens einmal am Tag das Haus zu verlassen und irgendwo hinzugehen, letztendlich ist es egal wohin, Hauptsache, raus aus dem Haus oder der Wohnung. Unser Gehirn neigt dazu, weniger kreativ zu werden, wenn es immer die gleiche Umgebung vorfindet und gerade das sollte man in einer Krise vermeiden.

Vielleicht kommt Ihnen die folgende Situation bekannt vor: Man sitzt zu Hause, ist vollkommen antriebslos und kann sich nicht vorstellen, dass die Stimmung jemals wieder besser werden könnte. Plötzlich ruft ein Bekannter an und bittet einen, in ein nahe gelegenes Café zu kommen, er müsse mit einem reden. Obwohl man keine rechte Lust hat, will man den Freund nicht hängen lassen und macht sich, weiterhin schlecht gelaunt, zu dem Café auf. Auch dort ist die Stimmung zunächst schlecht, aber der Bekannte hat ein wichtiges Problem und bittet um Hilfe. Letztendlich ist man froh, von der eigenen Misere abgelenkt zu werden, und beginnt, sich mit dem Problem des Gegenübers zu beschäftigen, während man gleichzeitig das Geschehen im Café wahrnimmt. Nach einer halben Stunde ist das Problem des Bekannten durchgesprochen und man hat mehrere Strategien zu seiner Bewältigung erörtert. Außerdem hat man mit zunehmendem Interesse die vorbeischlendernden Passanten beobachtet. Wenn man danach wieder in die eigene Misere zurückfallen will, stellt man fest, dass die Problematik zwar exakt die gleiche geblieben ist, die Stimmung jedoch viel heller wurde. Was ist geschehen? Einfach ausgedrückt hat das Gehirn von Grübel- auf Lösungs-Modus umgeschaltet. Es ist dafür meist gar nicht notwendig, die eigenen Probleme zu lösen. Viel wichtiger ist, dass der Kreativ-Modus eingeschaltet wird, denn unsere Stimmung ist erstaunlich wenig von der tatsächlichen Sachlage abhängig. Dies mag auch der Grund sein, warum viele Menschen in den so genannten Entwicklungsländern deutlich glücklicher sind als jene in den Industrienationen, und das obwohl ihre wirtschaftliche und soziale Situation nach objektiven Maßstäben jede Menge Anlass zur Sorge geben würde. Glück entsteht jedoch ausschließlich im Gehirn und damit im Bewusstsein.

Und genau dies ist die »frohe Botschaft«, die Jesus uns verkünden wollte, nämlich jene, dass wir selbst es sind, die ihre Wirklichkeit und damit ihr Glück erschaffen. Diese Erkenntnis, das Wissen um die Macht unserer Gedanken, markiert den Paradigmenwechsel des neuen Jahrtausends, es geht nicht mehr um eine Reform, sondern um eine Transformation des Denkens, nicht mehr darum, auf derselben Etage die Möbel umzustellen, sondern darum, in ein neues Haus zu ziehen. Wie auch immer dieses Haus für jeden von uns aussehen mag, ich wünsche mir, dass dort viele wunderschöne Papageien herumfliegen, die mir von Zeit zu Zeit zurufen: »Hier und Jetzt, mein Junge!«

Mantras als Medizin für die Seele

Obwohl Mantras zweifellos bei jeder Erkrankung unterstützend wirken können, gibt es einige Symptome, bei denen sie als vollwertige Therapie zu bezeichnen sind. Dies bedeutet natürlich keinesfalls, dass sie eine schulmedizinische Behandlung ersetzen können, aber sie können diese unterstützen und gegebenenfalls verkürzen. Bei folgenden Symptomen haben sich Mantras als besonders wirksam bewährt: Depressionen, Angststörungen, Panikattacken, Tinnitus und Hypochondrie – alles Probleme, die in ihrer Häufigkeit und Intensität in der westlichen Hemisphäre zunehmen. Diese Beschwerden betreffen vorrangig unsere Gedankenwelten und können nachweislich mit dem stillen oder lauten Sprechen von Mantras gelindert oder geheilt werden. Da die Depression zweifellos die vielschichtigste Problematik darstellt, habe ich ihr im Folgenden etwas mehr Platz eingeräumt.

Heilsilben

Angststörungen

Wir wissen, dass bei Angststörungen vor allem Zuversicht und Vertrauen wichtig sind, und wir wissen auch, dass man diese nicht aus dem Verstand heraus entwickeln kann. Angststörungen sind als eine Form der chronischen Krankheit zu betrachten, Betroffene haben lange gebraucht, um sie zu entwickeln, oft schon seit der Kindheit. Um einen Weg aus diesem leidvollen Zustand zu finden, ist vor allem Geduld notwendig, doch genau um diese steht es bei Angstpatienten oft nicht zum Besten. Außerdem ist es in einem solchen Zustand sehr schwierig, kleine Fortschritte zu erkennen und anzuerkennen. Hier wirken vor allem zwei Mantras:

- Ich habe sehr viel Geduld.
- Ich lebe nur im Hier und Jetzt.

Es wird Sie vielleicht erstaunen, dass ich kein Mantra gegen die Ängste selbst vorschlage. Gegen die Ängste selbst sollte man sich in irgendeine Form der therapeutischen Behandlung begeben, sei es Selbsterfahrungsgruppe oder Einzelsitzungen. Ängste sind sehr individuell und können daher nicht mit einem »allgemeingültigen« Mantra behandelt werden. Es kommt öfters vor, dass ein bestimmtes Mantra dem einen Menschen hilft, während es einem anderen eher schadet. Unsere Ängste sind so individuell wie unsere Fingerabdrücke. Die genannten Geduld- und Gegenwarts-Mantras können jedoch auf keinen Fall schaden und in vielen Fällen erstaunlich gut helfen.

Die meisten Ängste haben keinen konkreten Anlass in der Gegenwart, sondern werden durch Erinnerungen ausgelöst, wobei Erlebnisse in der Gegenwart eine Art Stichwortgeber für unser Unterbewusstsein sein können. Man sieht beispielsweise einen VW-Käfer vorbeifahren und muss unwillkürlich an den Autounfall denken, der einem Freund letztes Jahr widerfahren ist. Ab diesem Moment beginnt die Angst sich zu verselbstständigen, man denkt an die Familie oder an Freunde, befürchtet angesichts des heutigen Straßenverkehrs das Schlimmste für sie, immerhin hat man doch im Fernsehen die neusten Unfallstatistiken gesehen und so weiter. Wenn man sich in einer solchen Situation aber auf das Hier und Jetzt konzentriert, muss man zugeben, dass eigentlich nur ein VW-Käfer vorbeigefahren ist, alles andere war Erinnerung und hat sich nur im eigenen Kopf abgespielt. Wenn man also lernt, sich auf das Jetzt zu konzentrieren, lernt man den Strom der Ängste wahrzunehmen und merkt, in welch Schwindel erregendem Tempo diese sich verselbstständigen. Dies ist der erste und wichtigste Schritt: Jetzt, immer wieder Hier und Jetzt, die Ängste spielen sich nur im Kopf ab, sind nur Befürchtungen – dies wird von vielen Angstpatienten als sehr wirkungsvoller Satz empfunden.

Die Geduld auf der anderen Seite ist vor allem deshalb so wichtig, weil das Denken eine Gewohnheit ist, oft sogar die hartnäckigste von allen. Ohne Geduld besteht keine Chance, die Angststörung zu überwinden, sie ist der Humus, auf dem sich das am Anfang sehr zarte Pflänzchen neuer Denkgewohnheiten kultivieren lässt. Das Gegenteil von Angst ist aus meiner Sicht übrigens nicht unbedingt Mut, sondern eher Vertrauen und Zuversicht.

Panikattacken

Wie der Name schon sagt, handelt es sich hierbei um Attacken, um etwas schnell, unerwartet und überwältigend Auftretendes. Man sollte bei diesem Symptom stets medizinische Hilfe in Anspruch nehmen, aber dies ist nicht immer ganz einfach und es kann zudem eine Weile dauern, bis eventuell verabreichte Medikamente wirken. Abgesehen davon kann es vorkommen, dass jemand dieses Krankheitsbild zum ersten Mal erlebt und überhaupt keine Vorstellung von medizinischer Hilfe hat. Obwohl es höchstwahrscheinlich niemals einen passenden Zeitpunkt für eine Panikattacke gibt, hat dieses Symptom die Angewohnheit, bei den absolut unpassendsten Gelegenheiten aufzutauchen, wodurch die Dynamik im Allgemeinen noch verschlimmert wird.

Ein Schlüssel zur Linderung von Panikattacken ist die Atmung. Als Mantras haben sich bewährt:

- Ruhig, ganz ruhig.
- Ganz ruhig einatmen, ganz ruhig ausatmen.

Man sollte während einer Panikattacke keinesfalls sitzen bleiben, sondern mit kleinen Schritten auf und ab gehen. Dazu sollte man eine »gefühlte« Minute lang diese beiden Mantras sprechen, sich dann kurz ausschütteln, das Gesicht leicht massieren und dann wieder von vorn beginnen. Es ist vollkommen gleichgültig, wie lange die »gefühlte« Minute ist, es können fünf Minuten oder nur fünfzehn Sekunden sein, wichtig ist, dass die Mantra-Übung dem Betroffenen eine Struktur und einen Rhythmus gibt. Wenn absolut keine Medikamente aufzutreiben sind, lässt sich mit beruhigenden Düften arbeiten, die auf das Nervensystem einwirken. Obwohl ich für diesen Ratschlag keine Haftung übernehmen möchte, hat sich meiner Ansicht nach auch ein kräftiger Schluck Whiskey oder Melissengeist bewährt, jeweils eins zu drei mit lauwarmen Wasser eingenommen. Diesen Trick habe ich von einem afrikanischen Griot-Priester gelernt.

In jedem Fall sollte eine Panikattacke ernst genommen werden. Man muss alles daransetzen, Medikamente für den nächsten Notfall zu bekommen. Wenn man diese parat hat, kann man auch leichter versuchen, ohne auszukommen – was wiederum das Selbstvertrauen enorm stärken kann. Obwohl die Mantras sehr gut wirken können, sollten sie keinesfalls als Ersatz für Medikamente betrachtet werden (und der Whiskey auch nicht).

Tinnitus

Tinnitus wird von den betroffenen Patienten als heimtückisch und penetrant erlebt, denn was kann es Unangenehmeres geben als ein fortwährendes Pfeifen, Rauschen oder Pochen im Ohr? In der überwiegenden Mehrzahl der Fälle geht der Tinnitus nicht vom Ohr, sondern vom Gehirn aus. Das muss man selbstverständlich mit einem HNO-Arzt klären, doch wenn dies geklärt ist, läuft alles Weitere leider nach einem stets wiederkehrenden Schema ab: Der Arzt kann dem Patienten nicht weiterhelfen und gibt ihm durch die Blume zu verstehen, dass er machtlos ist und der Patient allein damit fertig werden muss. Behandlungsmethoden wie hoch dosiertes Kortison und Infusionen haben sich in den meisten Fällen als vollkommen wirkungslos erwiesen, mehrere HNO-Ärzte haben mir im Vertrauen erzählt, dass sie dies nur tun, um überhaupt etwas zu tun. Der Patient steht mit seiner Not allein da.

In verschiedenen einschlägigen Büchern kann man dann lesen, dass man lernen solle, »den Tinnitus zu überhören«. Damit ist also gemeint, man soll *nicht* auf den Tinnitus hören. Man merkt sofort, dass diese Bücher von Ärzten und nicht von Psychologen geschrieben wurden. Ich hatte das Glück, einen Arzt kennen zu lernen, der gleichzeitig Psychologe war, und sein Ratschlag war eindeutig: »Es ist eigentlich nur das Gehirn, das aus irgendeinem Grund, der der Schulmedizin bisher nicht bekannt ist, diesen Klang nicht vergessen kann. Wir können ein Pfeifen nicht überhören, aber wir können uns immer und immer wieder sagen, dass es eine Illusion ist.« Dies funktioniert tatsächlich.

Das Mantra lautet demnach ungefähr so:

- Tinnitus, du bist eine Illusion.
- Das ist Blödsinn, das bilde ich mir nur ein.

Entscheidend ist, dass man sich weigert, die Existenz des Pfeifens anzuerkennen, und sich einfach keinen Leidensdruck zugesteht. Diese Ideen mögen für Nicht-Betroffene etwas seltsam und radikal klingen, aber es geht ja hier auch nicht darum, dass es gut klingt, sondern dass es wirkt. Ich habe die Methode mittlerweile in unseren Kursen an viele Betroffene weitergegeben und erhalte immer sehr positive Rückmeldungen.

Hypochondrie

Auch die Hypochondrie sollte therapeutisch aufgearbeitet werden, leider scheint sie jedoch nicht immer behandelbar beziehungsweise heilbar zu sein. Am schönsten wurde die Thematik zweifellos von Woody Allen verfilmt, speziell in *Hannas Schwestern*. Bei aller intellektuellen Aufarbeitung stellt sich natürlich die Frage, ob man das Symptom loswird oder ob man weiterhin darunter leiden muss. Die Hypochondrie tendiert dazu, nicht durch einen Erkenntnisprozess, sondern durch das Einüben alternativer Gedankenmuster schwächer zu werden. Obwohl es gerade bei diesem Symptom auf der Hand liegt, dass die Beschwerden »nur« eingebildet sind, das es keinerlei reale Grundlage dafür gibt, ist das Leidenspotential enorm hoch, so hoch, dass viele

Hypochonder erleichtert sind, wenn das befürchtete Schicksal endlich eintritt. Dies bedeutet aber, dass für viele Patienten die Hypochondrie schwerer als die tatsächliche Erkrankung zu ertragen ist.

Neue Denkmuster einzustudieren ist hier relativ schwierig, da es bei der Hypochondrie keinesfalls nur um die Angst vor Krankheit geht, diese Thematik erscheint nur vordergründig. In einer tieferen Schicht der Seele geht es um die Angst vor Vergänglichkeit, vor der eigenen Sterblichkeit. Das entscheidende Thema ist demnach Vertrauen. Natürlich kann man Vertrauen nicht erlernen, denken Sie nur an den therapeutischen Begriff des Ur-Vertrauens, aber man kann beispielsweise durch ein Mantra den Körper in der Erfahrung von Vertrauen wiegen. Wenn man das Mantra immer wieder und wieder spricht, wird man tiefer atmen, man wird sich an vertrauensvolle Situationen erinnern und schließlich das Vertrauen in ein Körperwissen verwandeln, einen für unser Nervensystem wieder erkennbaren Gedankenimpuls. Die Mantras, die sich bei Hypochondrie bewährt haben, sind:

- Alles ist gut so, wie es ist. (Eines der beschriebenen Basismantras.)
- Ich bin gesund.

Dass die Hypochondrie in unserer Zeit so ungeheuer zunimmt, hat sicherlich auch mit dem verlorenen Vertrauen in ein Leben nach dem Tod zu tun. »Die Erkenntnis, dass ich sterblich bin, mag zwar unerträglich sein – spätestens, wenn ich selbst an der Reihe bin –, aber mir bleibt nichts anderes übrig, als zu vertrauen, in was auch immer. Die Wahrheit von gestern ist die Lüge von heute, ich kann nicht wissen, was kommen wird, aber ich kann versuchen, zu vertrauen, dass alles gut so ist, wie es ist. Ich entscheide mich dafür. Bis dahin bleibe ich gesund.« Diese hilfreichen Worte hörte ich im Jahre 1986 von einem kubanischen Santeria-Priester.

Die ärztliche Behandlung bleibt die Basis

Wenn man in medizinischer Behandlung ist und wirksame Medikamente gefunden hat, sollte man keinesfalls Mantras als Ersatz für diese zu nutzen versuchen. Kein Neurologe, HNO-Arzt oder Psychiater sollte jedoch etwas dagegen haben, wenn seine Patienten in Ergänzung zu einer medikamentösen Behandlung Mantras rezitieren. Er wird dies vermutlich »Autosuggestion«, »Affirmation« oder »Kognitive Therapie« nennen. Sollte er oder sie allerdings darauf beharren, dass nur Medikamente wirken und alles andere »Hokuspokus« sei, sollten Sie auf der Hut sein.

Mythos Depression

Ich hörte einmal einen Satz, der das Dilemma unserer Zivilisation perfekt zu beschreiben scheint. Darin heißt es, dass wir Menschen uns mit dem Hintern in der Steinzeit, mit dem Bauch im Mittelalter und mit dem Kopf in der zweiten Hälfte des 21. Jahrhunderts aufhalten. Unsere Instinkte sind offenbar nicht für das moderne Leben geschaffen, es scheint fast so, als ob die Evolution keinerlei Interesse daran gehabt hätte, mit der Zivilisation Schritt zu halten. Wie ist das möglich? Sowohl unsere Geschichte als auch die Humanbiologie und Evolutionsforschung haben uns gelehrt, dass der Mensch das anpassungsfähigste Wesen auf diesem Planeten ist. Warum also hat er ausgerechnet bei der Zivilisation die Anpassung verweigert?

Kennen Sie den, laut einer Umfrage von CNN, beliebtesten Witz des Jahres 2003? Hier ist er: Nach 400 Jahren Umkreisung um die Sonne trifft der Pluto wieder einmal auf die Erde und spricht sie an: »Sag mal, du siehst aber gar nicht gut aus, was ist denn los?« Darauf die Erde: »Es ist mir ziemlich peinlich. Ich habe eine Zivilisationskrankheit.« »Welche denn«, fragt der Pluto. »Na ja«, sagt die Erde »den Homo sapiens.« »Kein Problem«, sagt der Pluto, »das geht vorbei.«

Unsere Instinkte sind vor allem deshalb noch immer auf ein Höhlenleben programmiert, weil wir recht schnell wieder in einer Höhle landen könnten. Denken Sie nur daran, wie nahe die Menschheit in den 60er Jahren des letzten Jahrhunderts an einen Atomkrieg kam, wie schnell sich das Klima wandelt, ganz abgesehen davon, dass jederzeit ein Meteorit auftauchen oder einige Vulkane gleichzeitig explodieren könnten. Ein kurzer Knall, und schon wären die Menschen wieder in der Höhle – wenn sie Glück haben! Viele Evolutionsbiologen vertreten die Ansicht, dass dies im Laufe der Menschheitsgeschichte schon einige Male passiert sein könnte, dass unsere Spezies deutlich älter ist, als man bisher annahm. Zivilisation spielt aus diesem Grund in der Evolutionsbiologie keinerlei Rolle, denn die Fähigkeiten, in einer Höhle überleben zu können, sind weit wichtiger als jene, mit der Zivilisation umgehen zu können.

Der Teil von uns, der noch in der Höhle sitzt, ist auf Handlung programmiert. Wenn man in der Steinzeit morgens aufwacht und Hunger hat, kann man sofort etwas jagen gehen. Das mag erfolgreich sein oder auch nicht, aber der Mensch kann unmittelbar aktiv werden und damit seinen Ängsten entgegenwirken. Aus der Gehirnforschung wissen wir, dass körperliche Aktivität die wirksamste Methode ist, um Angstzuständen entgegenzuwirken, daher wird sie auch in psychosomatisch orientierten Kliniken therapeutisch eingesetzt.

Wenn man im Mittelalter morgens aufwacht und Hunger hat, wird man eher Angst haben, weil den Vorräten über Nacht etwas zugestoßen sein könnte. Der Mensch muss jetzt nicht mehr jagen, hat dafür aber häufiger Angst – und das ist beim Menschen des 21. Jahrhunderts noch stärker geworden. Obgleich also die realen Gefahren abnehmen, nehmen die Sorgen zu, und ein größerer Kornspeicher bedeutet auch größere Ängste. Dies scheint der Preis für die menschliche Zivilisation zu sein. Die Vorratshaltung führte im Laufe der Zeit dazu, dass die Angst im menschlichen Leben einen Raum eingenommen hat, der ihr seitens der Evolution gar nicht zugedacht war, denn ursprünglich hatte die Schöpfung ständige Bewegung als natürliches Antidepressiva im genetischen Code des Menschen einprogrammiert. Viele Kulturen, allen voran die nordamerikanischen Indianer, lehnten aus eben diesem Grund die Vorratshaltung ab, denn sie wollten sich nicht mit – aus ihrer Sicht unnötigen – Ängsten belasten. Dieselbe Einstellung kennen wir auch von Mönchen des Zen. »Ich bin genügsam, deshalb bin ich reich«, lautet eine Zen-Weisheit.

Ganzheitlichkeit hilft gegen Ängste

Da unsere Ahnen diese Problematik erkannt hatten, haben sie, seit sie Zivilisationen gegründet haben, ihre Ängste mit Mantras und Gebeten im Zaum zu halten versucht. Die moderne Angstforschung bestätigt sie hierbei. Mit Mantras und Gebeten lassen sich eine Vielzahl von Angst hemmenden Hormonen freisetzen, allen voran Dopamin. Früher sprach man mit Gott, heute spricht man mit seinem Unterbewusstsein. Es macht keinen wirklichen Unterschied, denn die Macht des Unterbewusstseins ist fast grenzenlos, eine Art endogener, also von innen kommender Gott.

Diese Idee, den überzogen negativen Gedanken und Ängsten positive Gedanken entgegenzusetzen, wird oft mit dem so genannten Positiven Denken verwechselt. Dieser Begriff erscheint mir jedoch recht irreführend. Das Wort »Positron« heißt in seiner griechischen Urbedeutung »das Ganze sehen«, also ein Gleichgewicht herstellen. Damit schließt es eine einseitige, auf eine Art Dauereuphorie abzielende Weltsicht kategorisch aus. Man sollte deshalb eher vom ganzheitlichen Denken sprechen, ganz im Sinne der Urbedeutung des Wortes »Positron«.

Um mit Ängsten und Depressionen fertig zu werden, scheint es fast unerlässlich, seinen Befürchtungen mit Mantras und ganzheitlichem Denken zu begegnen. Von dem Gehirnforscher George Flaen hörte ich einmal den Satz: »Wir bezahlen für unsere Zivilisation mit ständigen Ängsten, denn unser Nervensystem ist nicht für diese Art von Leben geschaffen.« Ähnlich drückt es der Arzt und Psychoonkologe Wolf Büntig aus: »Viel Eindruck, wenig Ausdruck: macht viel Druck.«

Der Philosoph Immanuel Kant, der selbst unter Depressionen sowie Hypochondrie litt, empfahl als Grundpfeiler eines erfüllten Lebens das Lachen, den Schlaf und die Hoffnung. Hoffnung spielt in der Angsttherapie eine entscheidende Rolle und steht auch bei Gebeten und Mantras an erster Stelle.

Hoffnung

Letztendlich fanden unsere Vorfahren bald heraus, dass die meisten Ängste nicht real sind. Da man aber mit dem Nomadentum die Fähigkeit zum unmittelbaren Handeln aufgegeben hatte, trat die Hoffnung in Kraft. Hoffnung kann so starke Gehirnstoffwechselprozesse – und damit Heilungsprozesse – im ganzen Körper auslösen wie kein anderes Gefühl, sie ist das stärkste körpereigene Heilmittel, das die Menschheit kennt. Es gibt leider noch immer einige moderne »Voodo-Priester-Mediziner«, die den Menschen aufgrund von Wahrscheinlichkeitsrechnungen ihre noch in Aussicht stehende Lebenszeit verkünden und damit diese stärkste endogene Heilkraft ignorieren. Von dem weltberühmten Psychoonkologen Carl Simonton stammt jedoch die Aussage, dass die Wahrscheinlichkeit immer nur der Schein der Wahrheit ist. Und Paul Watzlawick erzählt in diesem Zusammenhang folgende Geschichte: Ein Mann hatte große Flugängste und ging zum Statistiker. »Wie hoch ist die Wahrscheinlichkeit, mit dem Flugzeug zu verunglücken?«, fragte er ihn. »99,98 Prozent der Passagiere kommen heil an ihr Ziel, während lediglich 0,02 Prozent abstürzen und sterben«, sagte dieser. »Das ist beruhigend«, sagte der Mann. »Jetzt würde mich nur noch eines interessieren: Zu welcher Gruppe gehöre ich?« Wir können davon ausgehen, dass ihn der Statistiker daraufhin hochkant aus seinem Büro warf.

Ein weiteres Beispiel über die Relativität von Statistiken lieferte der Psychotherapeut Viktor Frankl: Er wurde zur Zeit des Nazi-Terrors nach Auschwitz verschleppt und verlor, dort angekommen, fast augenblicklich die Hoffnung, denn er war sich bewusst, dass die Wahrscheinlichkeit zu überleben unter 1 zu 50 liegen musste. Dann jedoch drehte er diesen Gedanken um: »Niemand kann mir garantieren, dass ich hier zugrunde gehen werde, also muss ich alles tun, um zu überleben«, dachte er sich. Nachdem er Auschwitz, entgegen aller Wahrscheinlichkeit, überlebt hatte, entwickelte er sein therapeutisches Konzept von der Trotzmacht des Geistes. Sein Mantra war ebenso einfach wie wirkungsvoll: »Ich werde überleben.« Diese einfache Idee, Wahrscheinlichkeitsrechnungen skeptisch zu betrachten sowie ein einfaches Mantra zu verwenden, rettete nicht nur sein Leben, sondern auch das von vielen anderen Menschen, mit denen er später zusammenarbeitete. In einer Fortbildungsgruppe begegnete mir einmal eine ältere Dame, die Frankl persönlich gekannt hatte und die sagte, dass sie durch ihn die Kraft bekommen hatte, trotz einer schweren Lähmung weiter zu leben. »Wenn man einem Menschen begegnet, der die dunkle Seite überlebt hat, schöpft man Mut, dass man es auch selbst schaffen kann«, sagte sie mir.

Frankl zeigte vor allem Folgendes auf: Mantras sind nicht allzu sehr an der Realität interessiert, sie können viel kraftvoller als die Realität sein, sie können die Wirklichkeit verändern. Wenn ein schwer kranker Mensch fortwährend das Mantra »Ich bin gesund« rezitiert, könnte man sagen, dass dies eine Lüge ist. Trotzdem kann diese »Lüge« das Leben retten, lügen wird in diesem Zusammenhang relativ. Das offensichtliche Leugnen der »Wahrheit« bei Krebs, im Krieg, im Vernichtungslager und anderen extremen und lebensgefährlichen Situationen kann den Menschen retten. »Wer allzu realistisch ist, mindert seine Überlebenschancen drastisch«, schreibt der Krisenforscher Al Siebert in seinem Buch *Erfolgreich Krisen bewältigen.*

Natürlich könnte man auch fragen: Gibt es das eigentlich, einen Realisten? Zwingende Voraussetzung hierfür wäre eine verbindliche und für alle Menschen gleichermaßen erfahrbare Realität. Doch genau diese scheint ausschließlich im Auge des Betrachters zu liegen, wir kommen wieder bei Immanuel Kant und Paul Watzlawick an, die uns zu erklären versuchen: »Ihr selbst erschafft eure Wirklichkeit.« Seit diese Aussagen auch von der Quantenphysik und der Gehirnforschung bestätigt werden, kann sich selbst der eingefleischteste Realist nicht mehr als solchen bezeichnen, denn damit würde er unrealistisch. Wenn man also sagt »Ich bin Realist«, sagt man damit unbewusst: »Nur meine Weltsicht zählt. Im Übrigen ist es mir zu mühsam, mein Wissen auf den neuesten Stand zu bringen.«

Vom Segen, vergessen zu können

Was macht Mantras so wirksam gegen Depressionen? Abgesehen von der bereits dargelegten Wirkung auf unser Glückszentrum gibt es einen weiteren Zusammenhang: mit unserem Gedächtnis. Wir hatten bereits gesehen, dass die Wirkungsweise unseres Gehirns weniger einer Schaltzentrale als vielmehr einer losen Verknüpfung von Neuronen entspricht. Wenn wir eine Erinnerung speichern, lässt sich dies mit einem elektrischen Schaltkreis oder auch einem festgetretenen Dschungelpfad vergleichen. Wenn wir einen Gedanken oft denken, werden wir diesen gedanklichen Pfad immer stärker austreten, also besser verknüpfen. Die Verbindung wird mit jedem Gedankenablauf etwas stabiler. Wenn dann beispielsweise dunkle Wolken am Himmel aufziehen, werden wir Regen erwarten. Dies nennt man das Wenn-dann-Prinzip. Wie allen Tieren ist uns dieser biologische Code eigen, der Schaltkreis wird sozusagen in der Software unseres Gehirns gespeichert.

Obwohl nun die Depression keinesfalls als rein psychosomatische Krankheit bezeichnet werden kann, da viele Komponenten hineinspielen, lässt sich durchaus sagen, dass man sie sich gewissermaßen angewöhnt hat, dass sich bestimmte Schaltkreise festgefahren haben. Die menschliche Fähigkeit zur Erinnerung verfestigt dann das Symptom, denn man erinnert sich gewissermaßen täglich daran, dass man leidet, was wiederum die Schaltkreise weiter verfestigt.

Fast alle Funktionen unseres Gehirns entwickeln sich durch Bezugsketten. Wenn ich eine Erinnerung speichere, schafft diese Verbindungen zu weiteren Erinnerungen, man erlebt die Gedanken ähnlich einem ablaufenden Film. Das Problematische an der Depression ist nun, dass man nicht mehr in der Lage ist, diesen

Film abzustellen, indem man seinen seelischen Schutzschild aktiviert, sich beispielsweise ablenkt oder sich innerlich Sätze wie »Genug jetzt« sagt. Dies nennt man in der Depressionsforschung die Abwärtsspirale. Das Gehirn ist nicht mehr im Stande, neue Schaltungen aufzubauen, sondern spult immer wieder die alten und gewohnten ab. Dies ist auch der Grund, warum depressive Menschen berichten, ihre Gedanken würden sich immer nur im Kreis drehen und seien alle gleichermaßen dunkel und hoffnungslos. Die Psychotherapie betrachtet somit die Fähigkeit zur Erinnerung keineswegs als den größten Segen des Menschen, sondern seine Fähigkeit, vergessen zu können. Alles, was wir erlernen können, können wir auch wieder verlernen, beispielsweise die Angewohnheit, depressive Erinnerungen vor unserem inneren Auge ablaufen zu lassen. Auch die Alterssenilität hat hier ihre Ursache. Ältere Menschen haben in aller Regel kein Problem damit, sich kurzfristig neue Informationen zu merken, sie können aber oft das alte, vertraute Wissen nicht vergessen und haben somit keinen Platz, um neue Informationen langfristig im Gedächtnis zu speichern. Das Gehirn ist so von Erinnerungen überschwemmt, dass kein Raum für die Gegenwart bleibt. Ein chinesisches Sprichwort sagt: »In eine volle Tasse kann man keinen Tee mehr gießen.«

Die Wahrscheinlichkeit, in einen Teufelskreis mit all seinen Begleitsymptomen zu geraten, kann jedoch stark vermindert werden, wenn man gezielt daran arbeitet, sich die Offenheit für Neues zu bewahren und das Gehirn zu trainieren.

Mantras können es der genannten Abwärtsspirale deutlich schwerer machen, denn man bietet mit den Mantras auch dem Gedächtnis andere Nahrung als die alten, gewohnten und schmerzhaften Erinnerungsfetzen an. Die Mantras sind bis zu einem gewissen Punkt im Stande, die Gedankenspirale zu überlagern und damit neue bildliche und gedankliche Assoziationen zu schaffen.

Bei Rolf Merkle in *Nie mehr deprimiert* heißt es: »Was wir fühlen, ist nicht angeboren, hängt nicht von anderen Menschen, den

Umständen oder unserer Veranlagung ab, sondern einzig und allein davon, wie wir denken.«

Mutter Theresa wurde einmal in einem CNN-Interview gefragt, woher sie zeit ihres Lebens die Kraft für ihr Werk genommen habe. Sie erwiderte, dass sie die Frage nicht verstehe. »Was ist wichtig im Leben?«, formulierte der Reporter die Frage um. »Das Gebet«, erwiderte sie. Und zum Leidwesen des auf ein sozialpolitisch geprägtes Interview fixierten Reporters beschrieb sie dem größten politisch interessierten Fernsehpublikum der Welt in aller Ausführlichkeit ihre Gebetstechniken. Anschließend erklärte sie noch Folgendes: »Ich wurde von den Mantras der hinduistischen Kulturen stark beeinflusst und inspiriert. Alle Religionen sind in ihrem Kern gleich, auch die Gebete ähneln sich mehr, als man anfangs denken würde. Wahrer Glaube bedeutet, das Gebet täglich neu zu erleben, denn kein Gebet und kein Mantram ist wie das andere.«

»Hexen« als weise Heilerinnen

Während des Mittelalters existierten mehrere Alternativen zum »offiziellen« Christentum, die erst mit dem Beginn der Neuzeit nahezu ausgelöscht wurden, es gab beispielsweise die Katharer oder die so genannten Hexenkulte. Als Papst Innozenz VIII. im Dezember 1484 mit seiner Bulle *Summis desiderantes affectibus* die Echtheit der Hexerei durch päpstliche Urkunde bestätigte, schloss sich eine Falle, die von langer Hand vorbereitet war und dem Vatikan seine größten Konkurrenten im Heilwesen sowie dem alten spirituellen Wissen vom Hals schaffen sollte: die so genannten Hexen. Im Zeitraum von 1484 bis 1726 wurden ungefähr vier bis sechs Millionen von ihnen verbrannt. Eigentlich nannte man sie Runenmeisterinnen, Heilerinnen oder weise Frauen, und sie waren sehr erfolgreich sowohl in der Heilung von körperlichen wie auch von seelischen Leiden. Ihre Pharmakologie war der harmlosen Kräutermedizin der Mönche bei weitem überlegen. Insbesondere verstanden sie sich auf allerlei psychohalluzinogene Rezepte, die sie durch die Verarbeitung und Destillierung verschiedener Giftpilze und toxischer Wurzeln gewannen. Ein weiterer Grundpfeiler ihrer Macht war ihr hoch entwickeltes gynäkologisches Wissen, das sich von Hygienik über Verhütung bis zur Geburtshilfe erstreckte. Das Ende der »Hexen« bedeutete damit auch das Ende jeglicher Gynäkologie, die Frauen waren endgültig im Patriarchat angekommen, in dem nur Gott heilen konnte und die extrem hohe Geburten-Sterberate einfach hingenommen wurde. »Mit den Hexen verschwand die Weisheit«, schrieb der Naturforscher und Jesuitenpater Peter Conrads. Immer wieder kann man in Berichten aus dem Mittelalter lesen, dass die Dorfhexe auch im Stande war, Schwermut und Melancholie zu heilen. Zu diesem Zweck gab sie dem Patienten beispielsweise einen Zauberspruch, der ihn fortan schützen sollte, sowie eine Medizin, die er regelmäßig einnehmen sollte.

Die Parallele zur modernen Neurologie ist nicht zu übersehen. Der Arzt rät zu einem Zauberspruch, einer Autosuggestion (»Ich bin gesund«) und gibt ein Antidepressivum. Antidepressiva sind keinesfalls nur auf chemischem Wege herstellbar, der Name »Psychopharmaka« täuscht. Ihre Funktion besteht in der Regel darin, den aus dem Gleichgewicht geratenen Gehirnstoffwechsel wieder in Gang zu bringen, nicht zu betäuben oder zu vernebeln. Die modernen Antidepressiva schränken auch die Denkfähigkeit in keiner Weise ein, sie haben keine unterdrückende, sondern ausgleichende Funktion. Forscher des Max-Planck-Instituts wiesen in verschiedenen Studien nach, dass die Wirkstoffe der meisten Antidepressiva auch aus pflanzlichen Stoffen hergestellt werden können.

Hatten die weisen Frauen also bereits Mittel gegen Depressionen? Mussten sie vor allem deshalb sterben, weil sie erfolgreicher waren als die herrschende Klasse? Fest steht, dass sie die Hüter der alten Weisheiten und Religionen waren, dass sie Wissen hatten, das für die meisten Menschen so unbegreiflich war, dass es ihnen Angst machte. Depressionen bezeichnete man als Fluch, als ein Übel, das mehrere Generationen befällt und so lange nicht besser werden kann, bis der böse Dämon beim Namen genannt ist. Wir kennen diesen Mythos noch aus der von den Gebrüdern Grimm überlieferten Volkssage vom Rumpelstilzchen: »Ach, wie gut, dass niemand weiß, dass ich Rumpelstilzchen heiß.« Der Dämon schöpft seine Kraft vor allem aus der Tatsache, dass er im Unbewussten wüten kann, dass niemand ihn beim Namen nennt. Märchen, die das thematisieren, stammen laut dem Psychologen und Mythenforscher Robert Bly keinesfalls aus dem 19. Jahrhundert, sondern sind zwischen zehntausend und zwanzigtausend Jahren alt.

Und der Fluch?

Wer depressive Zustände kennt, kann durchaus nachvollziehen, dass man die Krankheit als Fluch bezeichnet hat, denn man fühlt sich wie von einer bösen Macht befallen. Oft befällt die Depression eine Familie immer wieder aufs Neue, die ganze Familiengeschichte ist von Leid und manchem Suizid geprägt. Trotzdem wird nicht darüber gesprochen, man lässt das Rumpelstilzchen im Keller, denn nicht zuletzt schämt man sich auch für die Krankheit. Erst wenn ein Nachkomme den Dämon beim Namen nennt – zu Neudeutsch: sich »outet« und beginnt, in seiner Familie und sseinem sozialen Umfeld offen über die Erfahrungen zu sprechen und auch die Krankheit behandeln zu lassen, kann der Fluch gebrochen werden.

So bleibt uns als Resümee festzustellen: Die weisen Frauen wussten bereits um die Heilung von Depressionen, ihre Zaubertränke waren oft Antidepressiva, ihre Zaubersprüche waren Schutz-Mantras gegen depressive Gedanken. Wir müssen uns nicht zwischen den exotischen Mantras des indischen Subkontinents und den christlichen Gebeten entscheiden – die Mantras, früher Zaubersprüche genannt, gehören zu unserer eigenen Kultur, sie sind nur eine Zeitlang in Vergessenheit geraten.

Eines der Schutz-Mantras gegen Depression ist uns aus dem skandinavischen Raum überliefert: *Algiz* – Schutz vor negativen Gedanken. Es heißt: Algiz, der Elch, schützt dich vor dunklen Gedanken, er lässt dich niemals deine wahre Natur vergessen, dein Lichtwesen, dein Gesund-Sein.

Also bedeutet das Schutz-Mantra Algiz in unsere Sprache übersetzt letztlich: »Ich bin gesund«, genau der Satz also, den auch Psychotherapeuten bei Depressionen bevorzugt empfehlen.

Vom Guten des Schlechten

Diese an rationalen Maßstäben gemessen paradoxe Aussage wurde erstmals von Paul Watzlawick in seinem Buch *Hekates Lösungen* formuliert. Wenn Menschen beispielsweise bei einer Wüstenwanderung in ihre Trinkflasche blicken, wird das bei jedem vollkommen andere Emotionen auslösen, je nachdem, welche Erfahrungen er oder sie schon mit Wasser und Wüste gemacht hat. Der eine hatte immer genug Wasser, er wird in die Flasche blicken und denken: »Das Wasser ist ziemlich warm und schmeckt schon etwas metallisch, das ist aber wirklich unangenehm.« Ein anderer jedoch hat in der Wüste schon Durst und Entbehrungen gelitten, er wird sich denken: »Oh wie wunderbar, es ist noch genug Wasser in der Flasche, das war nicht immer so.« Die negative Erfahrung führt zu mehr Lebensqualität, denn erst die Dankbarkeit, den einmal erlittenen Mangel nicht mehr erleiden zu müssen, schafft die positive Emotion. Genau in diesem Zusammenhang lassen sich auch Schicksalsschläge betrachten: Nur wer gelitten hat, ist wirklich glücksfähig.

Harry Potter und die Depression

Immer an der Schwelle eines neuen Jahrhunderts scheint sich ein Paradigmenwechsel im kollektiven Bewusstsein der Menschen anzukündigen, und das in der Regel in Form eines literarischen Werkes.

Im 14. Jahrhundert war es Dante Alighieris *Göttliche Komödie*, im 15. Francesco Petrarcas *Liebeslyrik*, im 16 Jahrhundert Miguel de Cervantes' *Don Quijote*, dann im 17. die Werke von William Shakespare, im 18. wurde der Roman *Robinson Crusoe* von Daniel Defoe zu einem Schlüsseltext der Moderne und der Aufklärung, während Charles Dickens' Roman *Oliver Twist* in den 20er Jahren des 19. Jahrhunderts den Beginn der Sozialkritik als

Gegengewicht zum Industriellen Zeitalter einläutete. 1903 war es schließlich James Matthew Barries *Peter Pan*, der dem Rationalismus des frühen 20. Jahrhunderts die Idee der Freiheit des Fliegens entgegensetzte und damit gleichzeitig das Thema des neuen Jahrhunderts vorwegnahm.

Im frühen 21. Jahrhundert deutet alles darauf hin, dass das Harry-Potter-Material von Joanne K. Rowling den Paradigmenwechsel des neuen Jahrhunderts einläutet. Es ist mittlerweile kein Geheimnis mehr, dass die Depression eine der größten Herausforderungen in der modernen Zeit sein wird. Neurologen bezeichnen sie mittlerweile als die Pest des 21. Jahrhunderts, und ähnlich wichtig, wie es für die Menschen des 17. Jahrhunderts war, der Pest die körperliche Hygiene entgegenzusetzen, wird es für unsere Generation sein, der Depression die Psychohygiene entgegenzusetzen. Genau an diesem Punkt setzt Joanne Rowling mit *Harry Potter* an.

Da sie selbst an Depressionen gelitten hat, kann sie den jungen Menschen eine Art Reiseanleitung liefern. Der große Erfolg von *Harry Potter* kam mit dem dritten Teil, in dem Harry den Kampf mit den so genannten Dementoren aufnehmen muss. Das sind Wesen, die dem Menschen alles Glück und alle Freude aussaugen, ihnen zu begegnen löst die Symptome einer Panikattacke aus. Außerdem bewachen sie das Gefängnis von Askaban, das eine chronische Depression symbolisiert, von hier kann der Mensch nicht entrinnen, da er im Horror seiner eigenen Ängste gefangen ist. Da die Dementoren Harry besondere Angst einflößen, beschließt er, den Kampf gegen sie aufzunehmen und findet in seinem Lehrer Remus Lupin, der »Verteidigung gegen die dunklen Künste« unterrichtet und einmal im Monat zum Werwolf mutiert, einen Verbündeten. Nur wer die dunkle Seite kennt und sich ihr regelmäßig stellt, ist im Stande, anderen zu helfen, dies zu tun – das ist also die erste Botschaft in symbolischer Form. Die stärksten Waffen sind Lachen, schöne und hoffnungsvolle Gedanken, Wärme und Licht. Diese Botschaft verschlüsselt Rowling nicht mehr, sie könnten so in einem Fachbuch über Bewältigungsstrategien bei Depressionen stehen. Schöne und hoffnungsvolle Gedanken kann der Mensch erlernen: Es bedeutet, seine Mantras zu finden.

Mantras bei leichten bis mittelschweren Depressionen

Bei leichten bis mittelschweren Depressionen ist es nicht so sehr das Symptom an sich, welches das Leben eines Menschen verdunkeln kann, sondern vielmehr die Häufigkeit, mit der es auftritt. Leichte bis mittelschwere Zahnschmerzen wären beispielsweise auch keine allzu große Belastung, wenn sie nur ein- bis zweimal im Jahr auftreten würden, man neigt dann dazu, sie hinzunehmen wie eine Sommergrippe. Wenn sie jedoch in regelmäßigen Abständen wiederkehren würden, könnten sie beträchtlichen Leidensdruck verursachen. Ebenso verhält es sich mit den Depressionen. Es ist einerseits ein Segen, dass diese fast immer zyklisch auftreten und so schnell sie gekommen sind auch wieder vergehen, andererseits ist dies aber auch ihr Fluch. Die meisten Menschen beginnen früher oder später, die Depression als eine Fügung des Schicksals hinzunehmen, sich an die immer wiederkehrende Dunkelheit anzupassen und sich damit abzufinden, schließlich kann man sich daran gewöhnen. Ein deutlich geringerer Teil der Betroffenen beginnt das Symptom ernst zu nehmen und therapeutisch an sich zu arbeiten. Für fast alle Betroffenen scheint es aber eine geradezu unerträglich banale Erklärung zu sein, dass es sich um eine Stoffwechselstörung im Gehirn handeln könnte, dass lediglich die Neurotransmitter gehemmt sein könnten. Die medizinische Ursache eines Symptoms hat meist mit dem inneren Erlebnis sehr wenig oder gar nichts zu tun und bringt uns in diesem Fall auch nicht wirklich weiter.

Wir müssen vielmehr betrachten, wie sich das Symptom äußert und anfühlt. Zunächst stellen wir fest, dass diese dunklen Stimmungen mit den Gedanken zusammenhängen. Der Mensch hat das Gefühl, als sei es nicht der Körper, sondern sein Gedankenapparat, der erkrankt ist. Man muss also zunächst Möglichkeiten finden, um seine Gedanken zu entlasten, zu beruhigen und zu stabilisieren. Man könnte an dieser Stelle einwenden, dass man doch selbst seine Gedanken »ist«, man kann sie doch aktiv denken und lenken, ganz im Sinne von René Descartes' »Ich denke, also bin ich«. Wir können jedoch in unseren Gedankenablauf, in unseren »mentalen Lärm« nur so sporadisch eingreifen, wie wir beispielsweise in unseren Atemfluss eingreifen können. Natürlich können wir uns vornehmen, bewusst zu atmen, und haben dann in diesem Moment tatsächlich das Gefühl, dass *wir* es seien, die den Atemfluss steuern. Doch sobald wir diesen Vorsatz vergessen, wird der Atem zu seinem eigenständigen Rhythmus zurückkehren. Ebenso verhält es sich mit unseren Gedanken.

Wenn wir also keine echte Kontrolle ausüben können, stellt sich die Frage, was wir tun können, um unsere Gedanken zunächst bewusster wahrzunehmen und dann Ruhe, Vertrauen und Zuversicht zurückzugewinnen. Am wichtigsten scheint es mir zu sein, eine Übung zur Verfügung zu haben, die einen, falls notwendig, vierundzwanzig Stunden am Tag, sieben Tage in der Woche begleiten könnte. Wenn eine solche Übung fehlt, kann man das Symptom zwar lindern, aber nicht wirkungsvoll therapieren. Auch hier können wir die Analogie zu unserer Atmung anwenden: Wenn ein Mensch Atemprobleme und Beklemmungen hat, braucht er möglichst eine Medizin, die sofort zur Verfügung steht, wenn das Symptom auftritt, beispielsweise ein Spray bei Asthma. Ansonsten verursachen die Atembeschwerden eine so massive seelische Not, dass man mit Maßnahmen wie der abendlichen Meditation, dem Thermalbad oder dem Yoga nur noch den Schmerz, aber nicht die Angst lindern kann, denn diese baut sich dann auf, wenn die Atemnot akut auftritt. Genauso verhält es sich mit den Ängsten, die sich im Zuge dieses außer Kontrolle geratenen mentalen Lärms, wie man eine mittelschwere Depression nennen könnte, aufbauen. Es ist von wesentlicher Bedeutung, genau in dem Moment zu therapieren, in dem die Ängste wahrnehmbar werden. Gar nicht zielführend ist es hingegen, alles in sich hineinzufressen und die angestaute Angst erst am Abend mit Entspannungsmethoden wieder abfließen lassen zu wollen. Entspannungsmethoden sind bei Depressionen sehr wichtig und wohltuend, aber sie sind keine wirksame Therapie, nur eine Linderung.

Der innere Zeuge

Die Übung des inneren Zeugen wurde von dem Chirurgen Paul Berger entwickelt. Ebenso wie Viktor Frankl wurde auch Berger vom NS-Terrorregime inhaftiert, allerdings in einer etwas weniger dramatischen Form als Frankl. Immerhin verbrachte er einige Jahre in Einzelhaft, der berühmt-berüchtigten Isolationsfolter der Nazis. Berger stellte fest, dass er mit der Haft und der Einsamkeit relativ gut umgehen konnte, wenn er sich vollkommen auf den gegenwärtigen Moment konzentrierte, dass er von seinen kreisenden Gedanken aber immer wieder von diesem abgelenkt wurde. Er beschrieb, dass das stärkste Leidenspotential durch die kreisende und leiderfüllte Dynamik seiner Gedanken verursacht wurde, vor allem durch Erinnerungen an sein früheres Leben und die Angst vor der Zukunft. Da er es als Arzt gewohnt war, systematisch und lösungsorientiert vorzugehen, begann er zunächst, seine Gedanken zu beobachten und dann mit der inneren Stimme ihre Inhalte zu dokumentieren. »Dies ist ein Gedanke an meine früheren Arbeitskollegen, ich fühle Schmerz und Trauer. Jetzt denke ich an meine Frau und die Kinder, ich fühle Wut und Verzweiflung. Jetzt denke ich an die Nazis und ihr menschenverachtendes Regime, ich nehme Hass und Rachegefühle wahr…«

Berger stellte in seiner analytischen Art, die ihm als Chirurg zu einer zweiten Natur geworden war, fest, dass es nicht die Gedanken selbst waren, die ihn quälten, sondern die Gefühle und Emotionen, die diese begleiteten. Er musste sich seine Machtlosigkeit eingestehen, die Gedanken zu verhindern oder seine Seele vor ihnen zu verschließen. Das lag vor allem daran, dass es genau genommen keine Gedanken, sondern vielmehr Bilder waren, die sich in sein Bewusstsein drängten. Er sah vor seinem inneren Auge die Gesichter seiner Familie, seiner Arbeitskollegen oder seiner Gefängniswärter, noch bevor er dies gedanklich erfassen konnte. Vor allem konnte er keinen bewussten Entschluss fassen, die Bilder auszuschließen.

Er hatte nun eine Fähigkeit zur Beobachtung für die inneren Abläufe entwickelt, aber der Schmerz hatte durch diese Beobachtung nicht abgenommen. Trotzdem blieb er bei der Beobachtung der Gedankenabläufe, denn er fühlte sich dadurch zumindest nicht so ausgeliefert wie zuvor. Als Nächstes stellte er fest, dass sich seine Gedanken stets im Kreis drehten, dass es im Grunde genommen stets die gleichen Bilder waren, die sich vor seinem inneren Auge drehten. Die Emotionen aber, die dabei hervorgerufen wurden, variierten stark. Das Bild seiner Familie konnte Gefühle der Trauer, der Sehnsucht und sogar des Hasses auslösen, denn kaum hatte er seine Familie gesehen, konnte dies Assoziationen des Hasses auf seine Peiniger auslösen. Die Gedanken neigten also dazu, sich ihre eigenen Wege zu bahnen, und die inneren Bilder waren eigentlich nur eine Art Auslöser für einen schmerzvollen Emotions- und Gefühlsbrei. Was wäre, wenn man die inneren Bilder und Gedankenimpulse zwar wahrnehmen könnte, die Gefühle aber daran hindern könnte, verrückt zu spielen? Das fragte sich Berger. Er hatte damit keinesfalls sagen wollen, dass Gefühle wertlos seien, schließlich wusste er, dass sich viele NS-Opfer nur durch ihre Gefühle von Hass und Wut am Leben erhielten, während ihn die Liebe zu seiner Familie und zur Wissenschaft am Leben erhielt. Ungeachtet dessen wurde er aber von seinen Gefühlen in erster Linie gequält, und alles in allem waren sie ihm in dieser Haftsituation von keinerlei Nutzen.

Von nun begann er also immer dann, wenn er innerlich ein Bild von seiner Familie sah, mit möglichst ruhiger und emotionsloser Stimme ausschließlich die offensichtliche Tatsache festzustellen: Gedanken an meine Familie. Diese innere, analytisch orientierte Stimme nannte er den »inneren Zeugen«. Wie, so fragte er sich, konnte er ab jetzt seine Gefühle daran hindern, diese inneren Bilder für ihren wilden Tanz zu missbrauchen und ihm Schmerz zuzufügen? Nachdem er lange experimentiert hatte, wurde ihm klar, dass er seinen Gedanken eine Alternative anbieten müsse, er musste ihnen einfache Mantras bieten und sie damit in eine andere Richtung lenken. Berger hatte 1911 ein halbes Jahr in Indien verbracht und dort immer wieder ein wunderschönes Mantra gehört. Es lautete: *Hey Ram Jay Ram Jay Jay Ram* (Sie erinnern sich sicher, wir hatten es bereits angesprochen). Ein befreundeter Orientalist hatte es ihm in etwa so übersetzt: »Ich vergebe alles, ich leere meinen Geist.« Berger fügte damals noch die Worte »Ruhe, Vertrauen, Zuversicht« hinzu. Wann immer nun die Gedanken auftauchten, stellte er möglichst wertfrei ihre Inhalte fest, beispielsweise: »Gedanken an die Einsamkeit, sorgenvolle Gedanken an die Zukunft«. Bevor jedoch der innere Sturm losbrechen konnte, hatte er einmal tief geatmet und das Mantra »Hier und Jetzt« gesprochen. Dann sprach er die zweite Mantra-Kette, manchmal »Ruhig, alles ist ruhig«, manchmal »Ich vergebe alles, Hey Ram Jay Ram Jay Jay Ram«, und manchmal »Ruhe, Vertrauen, Zuversicht«. Da er ansonsten keinerlei Beschäftigung hatte, wiederholte sich diese Gedankenreihe viele hunderte Male am Tag, während Berger begann, zumindest seinen Blutkreislauf in Gang zu halten, indem er auf und ab ging. Mit dieser Übung war er im Stande, seine innerliche Stärke wiederzugewinnen, und konnte trotz der äußerst schwierigen Haftbedingungen schließlich seine innere Gelassenheit und seinen Frieden wiederfinden.

Diese Erlebnisse von Paul Berger, die er dem Auditorium während eines Vortrages in der Schweiz schilderte, können nur eine der vielen Möglichkeiten beschreiben, der Depression etwas entgegenzusetzen. Und was für den einen Menschen in einer bestimmten Lebensphase ideal sein mag, kann für einen anderen vollkommen sinnlos oder gar schädlich sein. Mir persönlich haben diese Übungen jedenfalls sehr geholfen, vor allem während eines Studienaufenthalts in Westafrika, als meine Partnerin ganz plötzlich an einer schweren Lebensmittelvergiftung erkrankte. Ich wusste, dass ich schnellstmöglich einen Flug nach Europa buchen musste, doch auch nach zwei Tagen Suche hatte ich noch kein Glück gehabt. Ich begann, in Panik zu verfallen, doch mir war gleichzeitig bewusst, wie sehr alles davon abhing, dass ich ruhig und gelassen blieb – wie sollte ich sonst eine vernünftige Entscheidung treffen? Ich begann mich auf dem Weg von einem Reisebüro zum nächsten immer nur auf den gegenwärtigen Schritt zu konzentrieren und den inneren Zeugen genau so anzuwenden, wie Berger es beschrieben hatte. Ich verwendete vor allem »Hier und Jetzt« sowie »Ruhe, Vertrauen, Zuversicht«. Wann immer ich konnte, blieb ich in Bewegung, zum Beispiel wenn ich in einem Reisebüro zwei Stunden warten musste, weil in dieser Zeit der Strom fünfmal ausfiel, wie es in Westafrika ja völlig normal ist, oder wenn die Bank mich warten ließ. Notfalls ging ich auf und ab, aber ich erlaubte meinen Gedanken zu keiner Zeit, sich in Panikattacken über den Gesundheitszustand meiner Partnerin zu ergehen. Dies half mir sehr und schließlich war ich auch im Stande, die einzig sinnvolle Entscheidung zu treffen, die es in dieser Situation zu treffen gab. Anstatt es weiterhin auf dem offiziellen Weg zu versuchen, bestach ich den Manager eines Reisebüros und gab ihm alles Geld, das ich noch hatte, in etwa das Zehnfache des üblichen Flugpreises. Und das für ein Ticket auf die Kanarischen Inseln, noch nicht mal nach Hause. Trotzdem hatte ich einen Weg gefunden, es ging letztendlich nicht darum, das Richtige zu tun, sondern darum zu überleben. Wenn ich der Panik und Angst nachgegeben hätte, wäre ich sicher nicht im Stande gewesen, diese Entscheidung zu treffen, sondern hätte irgendwann herumgeschrien oder wäre möglicherweise handgreiflich geworden – schließlich hatten mir mehrere Reisebüros unmissverständlich klargemacht, dass sie zwar freie Plätze hatten, sie mir diese aber nicht geben wollten.

Wenn ich also Wege aus der seelischen Krise finden will, muss ich zunächst lernen, meine Panik in Schach zu halten. Lösungen haben fast immer etwas mit Kreativität zu tun, die aber im Zustand der Panik komplett blockiert ist. Bei einer Depression kann ein einziger erlösender Gedanke das Leid weitgehend auflösen, beispielsweise: »Okay, ich lasse komplett los, du hast gewonnen, ich habe verloren, es geht nicht um meinen Stolz, sondern um meine Gesundheit. Ich lasse los, ich vergebe mir und dir alles.«

So lange das Denken jedoch von der Angst blockiert ist, ist im Bewusstsein des Menschen kein Platz für solche lösungsorientierten Gedanken, es scheint dann tatsächlich so zu sein, wie es Bert Hellinger einmal sagte: »Leiden ist leichter als lösen.«

Was kann man tun?

Wie kann man beginnen, Mantras gegen leichte bis mittelschwere Depressionen zu üben? Obwohl ich oft betont habe, wie wichtig es mir erscheint, die eigenen Mantras zu finden, anstatt Konzepte von außen anzuwenden, möchte ich einige meiner Erfahrungen weitergeben, die jedoch nicht als Anleitungen, sondern weit eher als Anregungen verstanden sein wollen.

Yin und Yang aller Mantras scheinen mir die Silben »Hier und Jetzt« zu sein, sie wirken wie ein Positiv- und ein Negativ-Pol, wie die Ur-Atome aller Mantras. Das Entscheidende ist es ja, ein Mantra oft genug zu sprechen, und das »Hier und Jetzt« passt buchstäblich in jede Situation, gleichgültig ob wir diese als angenehm oder als unangenehm empfinden. Daher ist das Hier und Jetzt ein Universal-Mantra, es stellt lediglich etwas fest, nämlich die Tatsache, dass der gegenwärtige Augenblick der einzig reale ist.

Wenn ich Mantras als Medizin anwenden möchte, brauche ich einen guten Bezug zur Gegenwart, ansonsten werde ich gar nicht im Stande sein, das Mantra die notwendigen 200-mal am Tag zu rezitieren. Denn ich würde ständig von meinem mentalen Lärm davongetragen werden. Der US-amerikanische Psychotherapeut Hunter Beaumont empfiehlt seinen Patienten und Kursteilnehmern, sich in jeder Leid- und Schmerzsituation ganz auf die Gegenwart zu konzentrieren, denn nahezu jeder Schmerz ist zu ertragen, wenn man sich mit allen Sinnen auf das Hier und Jetzt konzentriert, so Beaumont.

Für die meisten Menschen sind aber gerade Schmerz und Leid der Grund, die Gegenwart zu meiden. Wenn man sich in einer unangenehmen Situation befindet, möchte man sie nicht verstärken, indem man sich darauf konzentriert. Die Gegenwart soll nicht bewusst gemacht, sondern eher vermieden werden, beispielsweise indem man auf eine bessere Zukunft hofft oder sich an schöne Erlebnisse in der Vergangenheit erinnert. Paradoxerweise tritt jedoch genau das Gegenteil ein: Indem man sich im Moment des Schmerzes auf den Augenblick konzentriert, wird er erträglicher, denn der überwiegende Teil der Schmerzen entsteht durch unsere Vorstellungskraft, wir neigen dazu, aus den Schmerzen der Vergangenheit einen Horror für die Zukunft zu erwarten, und diese Erwartung füllt unsere gesamte Seele aus. Das Mantra »Hier und Jetzt« kann dann zu einem Rettungsanker werden, denn der mentale Lärm ist einem konsequenten Gegenwarts-Mantra nicht gewachsen, er beginnt nach einer gewissen Zeit leiser zu werden, vor allem aber weniger schmerzhaft.

Mit dem »Hier und Jetzt« spricht man sich noch keinen Mut zu, man schafft in seinem Gehirn eine Basis, eine »Gegenwarts-Wahrnehmungs-Verknüpfung«. Einfacher ausgedrückt kocht man noch keine Suppe, man entfacht erst einmal das Feuer. Trotzdem kann dieses Mantra immense Auswirkungen auf das Gehirn haben und Ängsten sehr effektiv entgegenwirken. Dieses Mantra und auch die beschriebene Übung mit dem inneren Zeugen wirken mit Sicherheit am besten, wenn man sie mit Bewegung verbindet, beispielsweise mit Routinearbeiten oder einem Spaziergang. Wir kennen in der christlichen Kultur das »Ora et labora« – bete und arbeite – der Mönche, dem genau diese Erkenntnis zugrunde liegt, dass Gebete am besten in Verbindung mit normalen Alltagsarbeiten wirken. In der Depressionstherapie gibt es auch die so genannte Ergotherapie, in der es vor allem um Beschäftigung geht. Wenn man mit alltäglichen Handlungen beschäftigt ist, kann man immer wieder üben, das Hier und Jetzt wahrzunehmen. Man kann direkt »Hier und Jetzt« sagen oder auch andere Mantras verwenden. Ich persönlich bevorzuge »Ruhe, Vertrauen, Zuversicht« oder »Gelassenheit«, hier kann jeder Mensch seine eigenen Sätze der Ruhe und der Kraft finden. Ob die gewählten Mantras die richtigen sind, fühlt man, indem man nach innen lauscht, nachdem man sie gesprochen oder gedacht hat. Hier sollte man sich ganz auf die eigene Intuition verlassen.

Falls es Ihnen jedoch schwerfallen sollte, Ihre Mantras zu finden, habe ich einen einfachen Trick für Sie: Welche Mantras peinigen Sie, welche machen Angst? Drehen Sie diese einfach um, aus »Ich fühle mich krank« wird »Ich bin gesund«, aus »Ich habe solche Angst« wird »Ich bin zuversichtlich«. Auf diese Weise können Sie Ihre eigenen Mantras finden und zu üben beginnen. Neben Alltagsbeschäftigungen kann auch ein Spaziergang oder ein Besuch im Thermalbad sehr gut helfen, die Mantras im Körper zu verankern.

Hier-und-Jetzt-Spaziergang

Am einfachsten ist es, wenn Sie in Ihrem Rhythmus das »Hier und Jetzt« mit Ihren Schritten verbinden. Ich persönlich sage jeden dritten Schritt »Hier« und nach weiteren drei Schritten »Jetzt«, so dass ich die Mantras mal mit dem linken und mal mit dem rechten Schritt verbinde. Das »Hier« ist immer links, »Jetzt« ist immer rechts (oder eben umgekehrt), wobei immer zwei leere Schritte zwischen den Mantras liegen. Es klingt vielleicht ein bisschen verwirrend, ist jedoch ganz einfach; jeder dritte Schritt ein »Hier« oder ein »Jetzt«, immer abwechselnd. Falls Sie es sich so abstrakt nicht vorstellen können, werden Sie es sofort hinbekommen, wenn Sie einen Spaziergang machen oder im Raum auf und ab gehen. Ich mache die Übung seit vielen Jahren in meinen Kursen, und bis jetzt haben es die Teilnehmer immer nach spätestens drei Minuten gelernt.

Diese Übung lässt sich buchstäblich in jeder denkbaren Situation anwenden, denn zumindest das Sprechen mit der inneren Stimme ist überall möglich, ich kann sie also auch im Supermarkt, in der Bank, im Gerichtssaal, in der Schule, im Gefängnis und bei einer Polizeikontrolle innerlich sprechen. Wichtig ist es nur, den Mantras einen Rhythmus zu geben, und Schritte sind hier eine sehr gute Möglichkeit, denn sie »erden« den Menschen, schaffen damit einen Kontakt zu den Fußsohlen und dem Boden, was ja immer auch bedeutet, dass weniger Gedanken und mehr konkret erfahrbare Wirklichkeit für den Menschen erlebbar wird. Und genau das ist es, was man zur Überwindung der mittelschweren Depression benötigt: weg von den Gedanken, hin zum konkret Erfahrbaren, zur gesunden »Erdschwere«.

Weitere Übungen

Mantras beim Aufwachen

Aufgrund mehrerer Faktoren neigt eine Depression dazu, am Morgen besonders deutlich fühlbar zu sein. Dies ist auch der Grund, warum manche Menschen bei Depressionen das Bett gar nicht erst verlassen. Obwohl es keineswegs unangenehm sein muss, einen Tag im Bett zu verbringen, hat sich dies bei Depressionen keinesfalls bewährt. Ich empfehle daher, noch während des Aufwachens mit dem Sprechen der Mantras zu beginnen. Da unser Gehirn beim Aufwachen noch langsam arbeitet, empfehle ich nur ein Wort wie »Ruhig« oder »Gesundheit« oder »Vertrauen« innerlich zu sprechen oder zu flüstern. Beim Aufwachen hat es sich bewährt, das Mantra mit dem Ausatmen zu verbinden.

Mantras beim Einschlafen

Da man während einer Depressionsphase ohnehin für Schlafstörungen anfällig ist, können Mantras sehr hilfreich werden. Der Gehirnforscher Luis Santoval beschrieb in der Zeitschrift *el sience* die effektivste Einschlafhilfe, die er im Zuge seiner Forschungen mit schlafgestörten Patienten herausfand: sich selbst immer wieder sagen »Ich will gar nicht schlafen, ich möchte noch eine Weile wach bleiben, schlafen ist gar nicht so wichtig, wenn überhaupt, dann möchte ich erst später schlafen«. Unser Gehirn wird auf diese Weise überlistet, denn wenn ein Mensch glaubt, unbedingt schlafen zu müssen, baut sich natürlicherweise Stress auf. Stress ist jedoch ein Alarmzeichen und schüttet Adrenalin aus, das den Körper in Folge nachhaltig am Schlafen hindert.

Auch wenn man sich Mantras der Ruhe sagt, beispielsweise »Alles ist gut so, wie es ist« oder »Om mani padme hum« oder »Ruhig, ganz ruhig«, hat man sehr gute Chancen, allmählich wegzudösen. Sollten Sie über längere Zeit Schlafstörungen haben, ist es jedoch notwendig, intensivere Mittel anzuwenden, beispielsweise die, die im Kapitel *Mantras bei schweren Depressionen* beschrieben werden.

Mantras für die Gegenwart

Hierfür empfehle ich Ihnen, Notizzettel an strategisch günstigen Punkten aufzuhängen, die Sie immer wieder an den gegenwärtigen Moment und das Sprechen der Mantras erinnern können. Außerdem gibt es noch die Möglichkeit, einen mobilen Wecker, beispielsweise am Handy oder der Armbanduhr zu stellen, der Sie beispielsweise im 15-Minuten-Rhythmus an das »Hier und Jetzt« erinnert.

Mantras der Ablenkung

Obwohl man gerade bei Depressionen manchmal das Gefühl hat, tausend Probleme zu haben, die sich in dieser gegenwärtigen Situation nur durch intensives Nachdenken lösen lassen, ist dies genau der falsche Weg. Es ist von entscheidender Bedeutung, sich abzulenken, was man sich jedoch leider gerade jetzt nicht recht vorstellen kann. Auch hier kann man sehr wirkungsvoll mit Mantras nachhelfen, beispielsweise indem man beginnt, alles, was einem begegnet, mit der inneren Stimme zu dokumentieren: Ich sehe einen Baum, hier kommt ein Fahrradfahrer, dort sehe ich Hunde und so weiter. Man kann diesen Prozess noch mit dem Mantra »Ich habe Interesse an meiner Umwelt« unterstützen.

Mantras für Spaß und Freude

Es ist auch sehr wichtig, wieder Dinge zu tun, die einem Spaß machen. Aus Sicht der Gehirnforschung gibt es nichts Dümmeres, als zu versuchen, in diesen schweren Zeiten nur noch Pflichtgefühl und puritanischen Arbeitseifer an den Tag zu legen. Man tendiert aber leider gerade bei der Depression dazu, sich bestrafen zu wollen und alles als sehr ernst und schwer zu empfinden. Genau dies verfestigt die Depression jedoch in unserem Gehirn. Spaß spricht dagegen vollkommen andere Bereiche an und schafft anti-depressive Vernetzungen.

Wie aber Spaß finden, wenn man genau das Gegenteil empfindet, nämlich Schwere und Trauer? Auch hier gibt es einen alten, aber sehr wirkungsvollen Spruch: »Humor ist, wenn man trotzdem lacht.« Als Mantra kann man es folgendermaßen verwenden: »Ich finde immer mehr Gründe zu lachen.« Dazu kann man noch mit Videos und DVDs nachhelfen, ganz egal, welche Inhalte darauf sind, Hauptsache, es bringt Sie zum Lachen.

Dass man mit Lachen seine seelische und körperliche Gesundheit wiederherstellen kann, wurde schon oft dokumentiert, beispielsweise von Al Siebert, der von Pet Evans, einem der Erfinder der Lachtherapie, berichtet. Ende der 1970er Jahre erkrankte er schwer an einer sehr seltenen Krankheit, die ihm immense Schmerzen, Depressionen und massive Schlafstörungen verursachte. Sein behandelnder Arzt konnte ihm nur wenig Mut zusprechen, denn die Krankheit war in den seltenen bis dahin dokumentierten Fällen stets tödlich verlaufen. Evans wollte dies aber so nicht akzeptieren. »Dass noch niemand hat geheilt werden können, liegt nur daran, dass man noch zu wenig von dieser Krankheit weiß«, dachte er sich. »Das Krankenhaus ist also nicht der richtige Ort, um gesund zu werden.« Er mietete sich ein Zimmer in einer Pension. Er bat Freunde, ihm jede Menge lustige Videos mit Buster Keaten, Charlie Chaplin oder die von Monty Python zu besorgen, und schaute sie von morgens bis abends an. Er stellte fest, dass er wieder schlafen konnte, wenn er lachte, und mit der Zeit wurden auch die anderen Symptome besser. Als erster Mensch in der Medizingeschichte überlebte er diese Krankheit. Später entwickelte er die so genannte Lachtherapie, mit welcher er im Stande war, unzähligen Menschen zu helfen.

Mantras bei schweren Depressionen

Dieses Kapitel richtet sich an Menschen, die unter schweren bis sehr schweren Depressionen leiden. Ich unterscheide strikt zwischen Depressionen und Lebenskrisen. Obwohl sich schwere Depressionen unter Umständen ähnlich anfühlen können wie eine Lebenskrise, sind die Mantras und seelischen Maßnahmen, die ich anbieten möchte, für beide Fälle recht verschieden. Insofern könnte Ihnen das, was ich in diesem Kapitel zu sagen habe, ziemlich befremdlich erscheinen, wenn Sie mit Depressionen – zu Ihrem Glück – nichts zu tun haben. Denn die schwere Depression ist ein sehr kompliziertes Thema und setzt einiges an medizinischem Wissen voraus, außerdem sind die Möglichkeiten, sie zu behandeln, ganz und gar nicht so, wie man es ohne Fachwissen annehmen würde. Insofern ist dies ein Spezialkapitel, das sich ausschließlich an schwer depressive Menschen und ihre Angehörigen wendet.

Zuerst wird es hier um die allgemeine Situation gehen, danach möchte ich Ihnen eine Anleitung zur Selbsthilfe anbieten. Falls Sie jedoch in diesem Moment akut unter einer schweren Depression leiden sollten, empfehle ich Ihnen, den theoretischen Teil zu überspringen und gleich unter *Mantras für den Notfall* (Seite 103) weiterzulesen. Wenn es Ihnen dann wieder besser geht, können Sie den theoretischen Teil nachholen.

Obwohl die schwere Depression natürlich dieselben medizinischen Ursachen wie die leichte und mittelschwere Depression hat und auch in ihrer Intensität variieren kann, gelten ab dem Moment, in dem man sie erlebt, vollkommen andere Regeln als bei den leichteren Varianten. Während man die mittelschwere Depression unter Umständen noch als psychosomatisch einstufen kann und sie mit einer großen Zahl von Selbsterfahrungs- und Therapiemethoden behandeln kann, gibt es bei der schweren Depression – medizinisch gesehen – im 21. Jahrhundert nicht mehr den geringsten Zweifel daran, dass es sich um eine körperliche Krankheit handelt, namentlich eine Störung der Neurotransmitter, der Botenstoffe im Gehirn. Obwohl es bei jeder Erkrankung prinzipiell möglich ist, sie ohne Schulmedizin zu behandeln, stellt dies hier stets ein großes Risiko dar. Kennzeichnend an der schweren Depression ist, dass man sich den Zustand nicht vorstellen kann, wenn man ihn nicht zumindest einmal erlebt hat. Ebenso kennzeichnend ist die Tatsache, dass fast jeder Mensch zu wissen glaubt, wie sich eine schwere Depression anfühle und somit mit einer Vielzahl von guten Ratschlägen und Aufmunterungsversuchen zur Stelle ist. Bei einem Herzinfarkt oder einer Krebserkrankung verhält sich das soziale Umfeld vollkommen anders, denn diese gelten als »reale« Krankheiten, während die schwere Depression noch immer bei einem Großteil der Bevölkerung als eine besonders hartnäckige Form der Verhaltensstörung gilt. Dies ist bemerkenswert, da man die Ursachen eines Infarktes oder des Krebses ebenso wenig mit bloßen Augen sehen kann wie jene der Depression.

Als die Menschheit noch keine Mikroskope hatte, waren nur sehr wenige Krankheitsursachen erklärbar, und daher war Krankheit stark mit religiösen Elementen vermischt, sie galt als Strafe Gottes und alle menschlichen Gegenmaßnahmen galten als Zeichen mangelnden Glaubens. Heute können wir aufgrund der Elektronenmikroskope, Genanalyse und der Nanotechnik immer mehr Krankheitsursachen erklären, was die meisten Menschen zu dem Umkehrschluss veranlasst: Jene Symptome, bei denen wir keine körperlichen Ursachen kennen, sind auch keine – und da wir bei der schweren Depression keine Viren und keine verengten Arterien oder Tumore finden können, kann sie auch keine Krankheit sein. Dies wäre noch einigermaßen belustigend, wenn die Konsequenzen dieser Einstellung nicht so verheerend wären.

Fast jede Krankheit hat die Tendenz, gefährlich zu werden, wenn man sie nicht behandeln lässt, diese Erfahrung hat so ziemlich jeder Mensch irgendwann gemacht. Trotzdem glauben die meisten, die schwere Depression löse sich irgendwann von selbst in Luft auf. Leider tut sie das jedoch nicht, sondern tut das, was alle nicht behandelten Krankheiten tun: Sie wird chronisch und tendiert dazu, in ihrer Heftigkeit zuzunehmen. Natürlich gibt es Fälle, in denen sie plötzlich von selbst verschwand, eine so genannte Spontanheilung. Dies ist jedoch leider sehr selten und es scheint nicht sehr zielführend zu sein, darauf zu bauen.

Wenn Sie keine schweren Depressionen kennen und auch niemanden in Ihrem engeren Umfeld haben, der an dieser Krankheit leidet, werden Sie vieles von dem, was ich im Folgenden ausführe, für stark übertrieben halten. Ich sollte auch dazu sagen, dass mir dieses Kapitel nicht leichtgefallen ist, denn ich kritisiere ungern, arbeite mit mehreren Ärzten und Neurologen eng zusammen und tendiere ganz allgemein eher dazu, optimistisch auf das Leben zu blicken. Außerdem glaube ich daran, dass wir uns unsere Wirklichkeit zu einem großen Teil selbst erschaffen und schon deshalb keine allzu pessimistischen Analysen machen sollten. Ich schreibe das nun Folgende daher auch nur aus einem einzigen Grund: Menschen, die unter starken Depressionen leiden, haben es nicht nur mit einer leidvollen Krankheit zu tun, sie erleiden oft in unserer Gesellschaft und unserem Gesundheitssystem ein wahres Martyrium. Ich fühle mich verpflichtet, auf diese Zustände hinzuweisen, vor allem, um zu warnen und um Ratschläge zu geben, wie man das Schlimmste vermeiden kann. Für alles nun Folgende gilt jedoch: Man kann nichts verallgemeinern. Dieser Satz ist jedoch auch eine Verallgemeinerung. Lassen Sie mich also eine gesellschaftliche Bestandsaufnahme des Phänomens »schwere Depression« vornehmen.

Schwere Depressionen heute

Die schwere Depression ist nicht nur die Pest des 21. Jahrhunderts geworden, sie wird noch immer von viel zu vielen Ärzten verharmlost, verniedlicht oder ganz allgemein nicht ernst genommen. Dies ist insofern nachvollziehbar, da mit diesem Krankheitsbild sehr oft körperliche Symptome wie Schlaf- und Appetitlosigkeit einhergehen, die man rein körperlich behandeln kann. Außerdem ist eine körperliche Behandlung auch den Patienten in aller Regel sehr viel lieber, denn diese sind oft so verzweifelt, dass bereits die Möglichkeit, dass es sich um eine seelische Krankheit handeln könnte, als unerträglich empfunden wird.

Dabei gibt es viele Möglichkeiten, sich gegen die Depression zur Wehr zu setzen, allerdings hat man nur Aussicht auf Erfolg, wenn man sie nicht verharmlost. Die medizinischen Behandlungsmethoden sind in den letzten Jahren deutlich besser geworden, wodurch auch sehr schwere Fälle erfolgreich therapiert werden konnten, und das bei viel kürzerer Behandlungszeit beziehungsweise kürzerem Klinikaufenthalt. Die überwiegende Mehrzahl der psychiatrischen Kliniken hat inzwischen damit aufgehört, die Depressions-Patienten als psychisch Kranke zu betrachten, vor allem, weil Druck von neurologischen Forschungseinrichtungen und dem Bundesgesundheitsministerium gemacht wurde. Depressionen sind keine psychische Krankheit, sondern wie gesagt eine Stoffwechselstörung im Bereich des Gehirns. Dies noch immer in Frage zu stellen, würde einen Arzt aus dem Kreis der seriösen Akademiker ausschließen, ebenso wie jede andere medizinische Diskriminierung, beispielsweise von Geschlechts- oder Erbkrankheiten. Daher gibt es in modernen psychiatrischen Kliniken eigene Stationen für Depressions-Patienten, was sich als sehr hilfreich bei der Behandlung erwiesen hat. Die wichtigste Erkenntnis in der neurologischen Forschung der letzten Jahre lautet: »Depressionen sind kein Schicksal« oder »Jede Depression kann geheilt werden.«

Ein Patient mit Depressionen bräuchte am notwendigsten schnelle Hilfe, doch genau diese kann man, wenn eine Erkrankung nicht ernst genommen wird, nicht erwarten. Alles in allem muss man den Umgang der meisten Mediziner mit Depressionen als handfesten Skandal und als eine Schande für unser Gesundheitssystem bezeichnen. Die erschreckend hohe Suizidrate von Depressions-Patienten dokumentiert eindeutig ein Versagen der Ärzte, und die Tatsache, dass diese sich wiederum meist keinerlei Schuld bewusst sind, spricht ebenfalls für sich. Für einen Patienten ist es in aller Regel unglaublich mühsam, in eine Klinik aufgenommen zu werden, was aber bei schweren Depressionen in aller Regel die einzige Möglichkeit darstellt, die Krankheit effektiv zu behandeln.

Leider sind von den Neurologen und Psychiatern wiederum nur ein Bruchteil auf dem neusten Stand der Forschung und damit in der Lage, den Patienten effektiv zu behandeln. So kommt es, dass falsche oder viel zu alte Medikamente mit zu vielen Nebenwirkungen verschrieben werden. Gerade bei Depressionen ist man aber unfähig, für seine Belange zu kämpfen und kritisch nachzufragen. »Sind Sie auf dem neuesten Stand der Forschung?«, »Wie aktuell ist das Medikament?«, »Wann stellen wir um, falls es nicht wirkt?«, »Was kann ich in Notfällen tun?«, dies wären beispielsweise sehr wichtige Fragen. Es empfiehlt sich daher, eine vertrauenswürdige Person zum Arztbesuch mitzunehmen, um diese oder ähnliche Fragen zu klären. Die einfachste und effektivste Frage kenne ich von Ruediger Dahlke: »Was tun Sie, und warum tun Sie es?« Wenn der Neurologe oder Psychiater diese Fragen nur zögerlich oder gar nicht beantwortet, sich in seiner Berufsehre angegriffen fühlt oder auf andere Art beleidigt reagiert, empfehle ich Ihnen, einen neuen Arzt zu suchen.

So hat man also, zusätzlich zum Leid der Krankheit, oft noch einen Kampf mit dem Arzt auszufechten, und genau hierzu fehlt vielen Patienten die Kraft. Und noch ein weiterer Umstand trägt zum Leid der Patienten bei: Nicht wenige Ärzte behandeln Depressions-Patienten überheblich, sie informieren sie nur lückenhaft und halten die depressive Erkrankung ganz allgemein für eine Charakterschwäche. Depressions-Patienten können sich fast nie gegen eine solche Behandlung wehren. Hier kommt das Thema Suizid ins Spiel. Das größte Drama besteht darin, dass zu wenige Fachärzte im Stande sind, den depressiven Patienten Hoffnung zu machen. Bei jedem missglückten Arztbesuch sinkt die Hoffnung weiter, doch wenn die Hoffnung stirbt, fehlt bald die Kraft zum Leben.

Genau dies ist jedoch eines der Merkmale der schweren Depression, man verliert alle Hoffnung, egal ob dies begründet sein mag oder nicht. Für den Leidenden ist es sehr real. Vermutlich kann sich ein Neurologe nicht vorstellen, was es für einen schwer depressiven Menschen bedeutet, zwei Stunden lang im Wartezimmer zu sitzen, nachdem er oft Wochen auf den Termin gewartet hatte, um dann für zwei oder drei Minuten zum behandelnden Arzt vorgelassen zu werden, der in aller Regel nicht mit dem Patienten, sondern dem Bildschirm seines Computers redet. Das Medikament stand von vornherein fest, da er von dem zuständigen Pharmainstitut Provisionen erhält, und den Beschreibungen der Verzweiflung hört er nicht zu, weil er in aller Regel darüber nachdenkt, wie er den Patienten am günstigsten abrechnen kann. Diese Beschreibungen sind keine Schauermärchen, sondern persönliche Berichte von Neurologen und Patienten, deren Namen ich jedoch aus naheliegenden Gründen nicht nennen kann. Trotz großer Bemühungen seitens wohlmeinender Ärzte und Medien hat sich an einer Tatsache kaum etwas geändert: Wenn man an einer Depression erkrankt, fühlt man sich so allein wie noch nie in seinem Leben und kann von großem Glück reden, wenn man an einen der wenigen Ärzte gerät, die wirklich helfen können und wollen. Angesichts dieser Zustände ist es kein Wunder, dass betroffene Menschen nichts mehr von der Schulmedizin wissen wollen und ihr Heil in alternativen Methoden suchen. Bei leichten Depressionen mag dies durchaus sinnvoll sein, bei schweren Depressionen ist es jedoch sehr bedenklich. Natürlich kann man durch die verschiedensten alternativen Methoden immer wieder Hoffnung bekommen, das Symptom ist damit jedoch nur gelindert und kann jederzeit wieder ausbrechen. Trotzdem sind die meisten Patienten von der Schulpsychologie so traumatisiert, dass sie die Depression nicht als Krankheit betrachten können und zeit ihres Lebens mit der Schulpsychologie und Medikamenten wie Antidepressiva nichts mehr zu tun haben wollen.

Ich habe Menschen, die sich in einer solchen Situation befinden, oft folgenden Vorschlag gemacht: Versuchen Sie eine konsequente Therapie mit Mantras, und wenn Sie feststellen, dass diese wirken und dass Sie mir vertrauen können, versprechen Sie mir, es beim nächsten Depressionsschub doch noch mal mit Antidepressiva zu versuchen. Ich empfände es als sehr fatal, wenn Sie die Mantras dazu missbrauchen würden, Ihre Krankheit chronisch werden zu lassen, deshalb ist es meine Pflicht zu betonen, dass Mantras sehr gut helfen, aber keinesfalls ein Ersatz für eine medizinische Behandlung sein können.[1]

Mantras für den Notfall

Der Notfall tritt dann ein, wenn Sie spüren, dass Ihre Ängste immer schlimmer werden, dass Verzweiflung Sie überkommt oder gar Suizidgedanken Sie quälen, Ihr Schlaf, Appetit und Ihre Libido schwer beeinträchtigt sind und ganz allgemein ein Zustand der Panik und Düsternis von Ihnen Besitz ergreift. Jetzt sollten Sie alles daransetzen, möglichst schnell an Medikamente zu kommen, notfalls über die Institutambulanz einer psychiatrischen Klinik. Wenn Sie die Medikamente eingenommen haben – und bis Sie sie besorgt haben –, empfehlen sich folgende Notfall-Mantras:

- Ich bin gesund, ich bleibe gesund.
- Hier und Jetzt, nur Hier und Jetzt.
- Ruhig bleiben, ganz ruhig bleiben.
- Zuversicht und Vertrauen, ich schaffe das.

Diese Mantras sollten am besten abwechselnd rezitiert werden. Da die Atmung jetzt sehr wichtig ist, vor allem weil sich mit ihr Stresshormone abbauen lassen, wäre es gut, sich zu bewegen, beispielsweise im Raum auf und ab zu gehen. Entscheidend ist, die Mantras immer und immer wieder zu sprechen, denn sie brauchen eine gewisse Zeit, um wirken zu können. Ich garantiere Ihnen jedoch, *dass* sie früher oder später wirken. Gestatten Sie

---

1 Für genauere Informationen, auch zum wissenschaftlichen Hintergrund, empfehle ich die Internetadresse www.Netzwerk-Depression.de, auf der sich verschiedene Kliniken zusammengeschlossen haben.

sich in diesem depressiven Schockzustand keinerlei andere Gedanken als diese Mantras, lassen Sie Ihr ganzes Wesen von ihnen ausfüllen. Zweifel sowie Verhandlungen mit Ihrem inneren Saboteur können Sie sich in diesem Zustand nicht leisten, jede Form von Gedanken ist jetzt überaus gefährlich. Nur Gesundheit, nur Gegenwart, nur Ruhe und Zuversicht dürfen Sie jetzt in Ihre Seele und Ihr Gehirn einlassen. Seien Sie mit dem inneren Rezitieren dieser Mantras stur, sturer als die Depression, die Sie mit allerlei grauenvollen Gedanken quält und einfach nicht damit aufhören will. Erlauben Sie nichts und niemandem, den Fluss der Mantras zu unterbrechen.

Es ist auch vollkommen gleichgültig, ob Sie diese Sätze für eine Lüge halten, weil Ihr Seelenzustand Ihnen etwas vollkommen anderes signalisiert, hören Sie nicht auf, die Mantras immer und immer wieder zu rezitieren. In einem akuten Depressionsanfall hat es wenig Sinn, zu jammern und Gott um Hilfe zu bitten, denn die Depression liebt die Dramatik. Was sie ganz und gar nicht liebt, sind Sturheit und Konsequenz, denn damit behindern Sie sie in ihrem Versuch, alle Macht über Ihre Gedanken zu übernehmen. So lange Sie Mantras wie »Gesundheit, Gegenwart, Ruhe« und »Alles wird gut« denken, haben Sie dem Anfall etwas entgegenzusetzen. Wenn wir den depressiven Anfall oder die Panikattacke als wütendes Gebrüll eine Großinquisitors betrachten wollen, dann sind unsere Mantras das fortlaufende Rufen: »Einspruch« unseres inneren Verteidigers, der bereit ist, gegen den Inquisitor zu kämpfen und ihm nicht zu erlauben, uns ständig zu quälen und uns sämtliche Verfehlungen unseres Lebens aufzuzählen. Durch die Mantras wird der Inquisitor vielleicht nicht gestoppt, aber zumindest stark irritiert, und vor allem müssen wir uns seinen Anklagerausch nicht ständig anhören. Mit diesen Mantras (und Notfallmedikamenten) kann man das Allerschlimmste überstehen. Der Kampf geht jedoch weiter, Sie müssen lernen, der Depression in Ihren Gedanken die Nahrung zu entziehen, und hier gibt es eine Vielzahl von mantrischen Techniken, die sich bewährt haben.

Hinweise zum Umgang mit akuten schweren Depressionen
Man erlebt die schwere Depression so, als würde einen ständig eine hasserfüllte Person begleiten, einem Angst einflößen und selbstzerstörerische Gedanken ins Ohr flüstern. Wie kann man sich dagegen wehren? Es bleibt immer die Möglichkeit, die Macht der Gedanken aktiv zu nutzen, genau jene Instanz also, die einen so quält. So lange ich diesem Inquisitor immer und immer wieder die gleichen Sätze sage, schlage ich ihn mit seinen eigenen Waffen. Vor allem vermeide ich damit auch das, was der Inquisitor am meisten liebt und was ihn stärkt wie keine andere Emotion: das Drama. Ich möchte damit keinesfalls sagen, dass es sich bei der Depression um eine Form der Geisteskrankheit oder gar Besessenheit handelt, sondern darauf hinweisen, dass es sehr hilfreich sein kann, den eigenen Gedanken in dieser Phase zu misstrauen, ebenso wie wir dem ängstlichen Gestammel eines Kindes im dunklen Wald nicht zuhören würden. Was wir tun würden, wäre das Kind an die Hand zu nehmen, aus dem Wald zu führen und es dabei mit immer wiederkehrenden optimistischen Worten zu beruhigen – »Wir kommen hier wieder raus, wir sind in Sicherheit, alles wird gut.«

Eine der großen Gefahren besteht darin, dass man während des Depressionsschubes dazu neigt, sich selbst bestrafen zu wollen, und sich komplett in sich selbst zurückzieht. Es wäre auch relativ sinnlos, in diesem Zustand Freunde zu treffen und sich zu verstellen, denn dies verstärkt den Leidensdruck meist noch. Ebenso falsch ist es jedoch, sich in sich selbst zurückzuziehen und sich vollkommen zu isolieren. Was also kann man tun? Ich empfehle Ihnen, sich mit aller Disziplin und Energie, die Ihnen geblieben ist, abzulenken, was in diesem Zustand sehr harte Arbeit sein kann.

- Suchen Sie sich im Fernseher einen für Sie erträglichen Kanal, er sollte gewaltfrei und ohne psychologischen Tiefgang sein. Machen Sie den Ton nur sehr leise an, so dass Sie zwar noch Stimmen wahrnehmen können, das Gesagte aber nicht genau verstehen. Beginnen Sie dann vor dem Fernseher auf und ab zu gehen und Ihre Mantras zu sprechen. Legen Sie Ihre Augen aber immer mal wieder auf dem Fernseher ab. Sie können den Figuren im Fernseher auch etwas über Ihre Mantras erzählen, also etwa so: »Hallo, du Mensch im Fernseher, ich habe es momentan nicht leicht, aber ich bin gesund, ich habe Vertrauen und ich bin ruhig.« Wenn Sie dann wieder etwas auf und ab gegangen sind, ist vielleicht eine neue Figur im Fernseher, der erzählen Sie dann erneut Ihre Situation und teilen ihr Ihre Mantras mit.

- Meiden Sie jede Form von Einsamkeit, auch die einsame Natur, viel besser sind Baumärkte, Shoppingzentren und dergleichen. Dort sollten Sie langsam, aber nicht zu langsam an den Regalen vorbeigehen, wenn etwas Ihr Interesse weckt, ein bisschen hinsehen und vor allem mit den Schritten innerlich Ihre Mantras sprechen. So wie ein Ertrinkender in der Wüste sich nach jedem Tropfen Wasser sehnt, sollten Sie jeden »Tropfen« Ablenkung suchen, und sei er noch so winzig. Wenn Sie einen Mantra-Spaziergang machen, machen Sie ihn dort, wo auch andere Menschen sind. Einsamkeit ist in diesem Zustand extrem schädlich.
- Achten Sie darauf, wenn Sie unter Menschen gehen, so sauber, gepflegt und korrekt wie möglich aufzutreten, dadurch vermeiden Sie unnötige seelische Spannung. Bleiben Sie an dieser Übung unbedingt dran, auch wenn es Ihnen manchmal schwerfallen mag.
- Wenn es in Ihrer Gegend möglich ist, suchen Sie ein Thermalbad auf und gehen Sie dort viel zwischen den Becken hin und her, natürlich in Verbindung mit dem inneren Sprechen der Mantras. Bleiben Sie nicht zu lange in der Sauna, gehen nur kurz in das Tauchbecken und treiben Sie keinesfalls ehrgeizigen Sport. Schwimmen Sie ganz langsam und entspannt im warmen Wasser und verbinden Sie die Schwimmzüge mit den Mantras.
- Vermeiden Sie jede Art der religiösen, philosophischen und esoterischen Gedanken. Jogging ist eine wunderbare Sache,

aber nicht, wenn man sich gerade ein Bein gebrochen hat. Genauso ist es jetzt mit den sinngebenden Gedanken. Es geht für Sie jetzt nicht darum, einen Sinn in der Krankheit zu sehen, nicht darum, die Ursachen und den Krankheitsgewinn zu erkennen, all das kommt später. In der akuten Situation ist nur eines wichtig: wieder aus dem Leid herauszukommen. Und dies erreicht man, indem man immer und immer wieder seine Mantras spricht, sich bewegt und bewusst atmet und versucht, sich so gut man kann ein bisschen abzulenken. Alles andere ist unwichtig, belasten Sie sich jetzt nicht damit, dafür haben Sie später Zeit. In einer schweren Depression können Sie sich keine Experimente leisten, es gibt jetzt nichts Wichtigeres auf der Welt, als dass Sie diese Phase überstehen, alles andere ist in diesem Moment vollkommen belanglos, allem voran die Suche nach dem Sinn des Lebens.

Die heilende Kraft der äußeren Stimme – Mantras singen

Die früheren Kapitel haben Ihnen bereits zwei grundlegende Wirkungsweisen von Mantras beschrieben:

- Mantras stimulieren das »Glücksareal« unseres Gehirns, indem sie Informationspakete für unsere Gehirnzellen anbieten und damit langfristig optimistische neuronale Vernetzungen aufbauen.
- Mantras wirken auf unser Gedächtnis und können in Lebenskrisen sowie bei Depressionen der »Abwärtsspirale« entgegenwirken: vor allem die Fähigkeit zu vergessen und loszulassen, nicht jene, sich zu erinnern, ist therapeutisch wertvoll, und genau dies können Mantras unterstützen.

Leben ist Rhythmus

Eine dritte therapeutisch relevante Wirkungsweise der Mantras liegt in ihrer rhythmischen Dimension. Gleichgültig in welcher Form wir die Mantras rezitieren, ob mit der inneren oder äußeren Stimme, wir begegnen dem körpereigenen Rhythmus und seiner Wirkung auf unseren Organismus. Ich habe bereits von Pilgerreisen und dem Phänomen des Polyrhythmus gesprochen, der direkt auf unser Gehirn wirkt. Rhythmus wirkt jedoch auch auf unser Herz, genau genommen unsere Herzratenvariabilität: Unser Herz schlägt niemals gleichmäßig, es gibt beträchtliche Schwankungen, wenn wir aufgeregt sind, schlägt es schneller, wenn wir uns wieder beruhigen, wird es wieder langsamer und so weiter. »Wenn das menschliche Herz so regelmäßig schlägt wie ein Rhythmuscomputer ist dies ein äußerst bedrohliches Zeichen«, so der Humanbiologe Michael Mück-Weymann von der Universitätsklinik Leipzig im *Stern* (*Gesund leben*, 3/2004). Der Mensch lebt durch seinen individuellen Herzschlag, die natürlichen Schwankungen sind so etwas wie sein »rhythmischer Fingerabdruck«, und kein Herzschlag beziehungsweise kein Abstand zwischen den Schlägen ist – wenn man in den Bereich der Tausendstel und Millionstel Sekunden geht – wie der andere.

Unsere Gesellschaft lebt jedoch, im Gegensatz zu Naturvölkern, nicht im Rhythmus, sondern vorwiegend im Takt, der nichts natürlich Gewachsenes, sondern eine über die Jahre etablierte menschliche Erfindung ist. Folgerichtig schädigen die Schwingungen von Rhythmuscomputern unsere Herzratenvariabilität in beträchtlichem Maße, und Menschen, die ihnen über längere Zeit ausgesetzt sind (beispielsweise Angestellte von Diskotheken) tragen ein weit höheres Risiko, einen plötzlichen Herztod zu erleiden. Wir wissen auch, wie allergisch Tiere auf Rhythmuscomputer (die eigentlich »Taktcomputer« heißen sollten) reagieren und wie gerne sie hingegen klassische Musik hören. Musik hat einen messbaren Einfluss auf unseren Herzschlag und seine Zwischenräume, dies ist längst bewiesen und wird nur noch im Detail erforscht, die Tatsache an sich wird nicht mehr angezweifelt.

In unserer Gesellschaft ist es allerdings unmöglich geworden, den Rhythmuscomputern im weitesten Sinne zu entkommen, auch wenn wir es versuchen sollten, wir können dem ständigen »beat« von Maschinen nicht ausweichen. Sie wirken auch dann auf unseren Körper, wenn wir sie nicht wahrnehmen, beispielsweise in Aufzügen, Cafés und am Arbeitsplatz durch Radioklänge oder im Fernseher in Form von Hintergrundmusik – nahezu die gesamte Unterhaltungsmusik wird aus Kostengründen nicht mehr mit echtem Schlagzeug, sondern mit Rhythmuscomputern unterlegt, und mit dieser Musik werden wir »dauerberieselt«. Dies schädigt den Fluss unseres Herzschlages und unseres Atems.

Auch hier fordere ich Sie auf: Bitte glauben Sie mir nicht einfach, probieren Sie es selbst aus. Machen Sie sich die Mühe, einen Song mit Computer und einen mit echtem Schlagzeug anzuhören und achten Sie dabei auf Ihre Atmung und Ihren Herzschlag – Sie werden den Unterschied fühlen. (Allerdings sollte der Schlagzeuger ein erfahrener Musiker sein, nicht Mitglied einer Teenager-Band.)

In ihrer Wirkung auf unser Herz können Mantras ihre dritte große Heilfunktion entfalten, denn sie können in unser taktdominiertes Leben den individuellen und damit auch Ihren ureigenen Rhythmus zurückbringen. Mantras können ihre Wirkung erst ab einer bestimmten Häufigkeit entfalten, ansonsten sind sie leider wirkungslos. Unter 160 bis 200 Rezitationen am Tag (innerlich oder äußerlich) wirken sie definitiv nicht, jedenfalls nicht während der ersten Monate. Ich kenne dieses Phänomen als Musiker recht gut. Um ein Instrument zu lernen, ist es am sinnvollsten, man übt über längere Zeit etwa 90 Minuten am Tag. Wenn man weniger übt, kann sich kein Feld, keine neuronale Vernetzung aufbauen. Es ist auch nicht sinnvoll, eine Woche lang jeden Tag acht Stunden zu üben und dann wieder eine Woche lang gar nichts zu tun. Am besten ist am Anfang Beständigkeit und Konsequenz. Man hat dann zwar oft keine Lust zu üben, spürt aber auch, dass die Lust und der Spaß mit dem Üben, mit der Praxis kommen. Genau so ist es mit dem Mantra-Üben. Es ist nicht sinnvoll, den ganzen Tag Mantras zu sprechen oder zu singen. Am besten ist ein gewisses Zeitmaß, das man dann konsequent durchhält. Man ist wirklich auf dem Weg, etwas in seinen eingefahrenen Mustern zu ändern, wenn man die Mantras auch dann rezitiert, wenn man keine Lust auf sie hat.

Ihr eigener Rhythmus – die Gegenwart

Der ureigene Rhythmus findet immer im jetzigen Moment statt (genau genommen sind die Rhythmuswissenschaften die Wissenschaften über die Fähigkeit, in der Gegenwart zu leben). Unser Gehirn erinnert sich nur an einen kleinen Bruchteil unserer Vergangenheit, und in dieser Erinnerung spult es immer die gleichen Filme ab, was bedeutet, dass unsere Vergangenheit in unserer Wahrnehmung relativ statisch ist. Sehr selten kommen ganz neue Erinnerungen hoch, wir neigen eher zu einer bestimmten Auswahl von Bildern, einer Selektion. Wenn wir uns an alles in unserem Leben erinnern könnten, wie es einige unglückliche Menschen aufgrund von einer heimtückischen Krankheit können, würden wir mit der Zeit unseren Verstand verlieren. Die Selektion schützt uns, außerdem hängt sie direkt mit unserem Gegenwartsbewusstsein zusammen. Je mehr Momente der Mensch in der Gegenwart verbringt, desto größer wird die Selektionsfähigkeit, denn anstatt alle Erinnerungen in »Das war gut« und »Das war schlecht« einzuteilen, beginnt der Mensch Momente des Friedens und der Ruhe wahrzunehmen, die subjektiv erlebte Lebenszeit wird länger, die als harmonisch wahrgenommenen Momente nehmen zu. Mit anderen Worten: Je öfter wir in der Gegenwart verweilen, desto schöner wird in Zukunft unsere Vergangenheit sein. Außerdem wächst das Vertrauen in viele noch kommende Gegenwartsmomente, was die Angst vor Alter und Verfall stark reduzieren kann.

Das Gegenwartsbewusstsein ist Rhythmus. Man kann es nicht planen, man kann es nur erleben, und wenn man damit anfangen will, dann immer nur jetzt. Man tut es für den Frieden und die Ruhe, die es einem in diesem Moment spendet, nicht für eine bessere Zukunft. Das Gegenwartsbewusstsein fühlt sich genau wie der Rhythmus unseres Atems an – und genau genommen ist es der Rhythmus unseres Atems.

Viele Menschen versuchen aufrichtig motiviert, mehr Zeit im Jetzt zu verbringen, aber nach einiger Zeit im Alltagstrott wird dann doch der mentale Lärm wieder übermächtig, man fällt zurück in die alten Muster, wandelt auf den bekannten Trampelpfaden der alten neuronalen Vernetzungen. Sich am Dienstag und am Donnerstag abends zur Gegenwarts-Meditationsgruppe zu treffen, wäre leider Takt, denn man bliebe dabei, die Dinge einzuteilen und zu planen. Damit Meditationen und Mantras aber wirken können, müssen wir sie, genau wie ein Musikinstrument, zu einem Teil unseres Wesens machen.

Mantras werden dann besonders wertvoll für uns, wenn wir gelernt haben, sie jederzeit zu rezitieren und damit jederzeit im Jetzt anzukommen. Dies erreichen die meisten Menschen auf einem von drei Wegen, die sich allerdings nur teilweise willentlich herbeiführen lassen:

- Viele Menschen werden durch eine Lebenskrise gezwungen, ihre Verhaltensmuster zu verändern. Das wird – bei aller Trauer um das Alte – oft sogar als erleichternd empfunden, weil die alten Muster ohnehin nur noch Leid brachten. Man schafft es, die Mantras ausreichend oft und intensiv zu rezitieren, der Leidensdruck wird zum Motor für Veränderung und letztendlich mehr Gegenwartsbewusstsein.
- Eine Reise (kein Urlaub) in ein fremdes Land mit völlig anderen kulturellen Gegebenheiten, zum Beispiel nach Afrika oder Asien, kann zur entscheidenden Motivation werden. Dort erfahren wir die Notwendigkeit, im Rhythmus zu leben, und die Taktdominiertheit und Planungssucht, die den meisten von uns zu eigen ist, muss (nach mehr oder weniger langen Kämpfen) losgelassen werden. Eine längere Reise kann so einen ausreichend stabilen Trampelpfad für mehr Gegenwartsbewusstsein in unserem Gehirn aufbauen.
- Man öffnet sich für das Mysterium des Rhythmus. Um dies genauer zu beschreiben, erlaube ich mir, ein Gespräch wiederzugeben, das ich während einer Brasilien-Tournee mit dem Schamanen Don Rumao führte.

Damals, 1988, hatte ich das Glück, mit einem der bekanntesten Musiker Brasiliens auf Tournee zu gehen, und das verdankte ich keineswegs nur meinen musikalischen Fähigkeiten. Ein Jahr vorher war die brasilianische Gruppe in Deutschland, und ich hatte mich sehr schnell mit ihrem Percussionisten angefreundet, der Eduin hieß, 20 Jahre alt war und unter einer ausgeprägten Form der Fettsucht litt. Ich bemühte mich, so gut ich konnte, um seine Gesundheit, und irgendwie machte mich dies in den Augen der Musiker zu einem Teil ihrer Familie. Ein halbes Jahr später lud mich Alceo Valenca, der Bandleader, zu einer Brasilien-Tournee ein, Eduin konnte auf Grund seiner fortgeschrittenen Krankheit bereits nicht mehr spielen. In dieser Situation, in der ich gewissermaßen privilegiert war, lernte ich viele interessante Menschen kennen und befragte sie so oft ich konnte über das Thema »Rhythmus und Schamanismus«.

Don Rumao war zu dieser Zeit ein sehr berühmter Mann in der brasilianischen Musikszene, er galt als der Mathematiker unter den Schamanen, der sich intensiv mit Wissenschaften und Psychologie auseinandersetzte. Meinen, wie ich heute nach 20 Jahren Abstand glaube erkennen zu können, unausgegorenen »Eso- und Schamanismustrip« hatte er schnell geheilt: »Wenn die Wissenschaft etwas erklären kann, brauchst du keine Astrologie und keinen Schamanismus, das ist scheinheilig und spricht gegen alles, wofür ich stehe«, schmetterte er mir entgegen, offenbar war er schon von einem Bandmitglied vor mir gewarnt worden. »Dann lass uns über das Geheimnis des Rhythmus sprechen«, sagte ich und erzählte ihm von meinen Studien in Puerto Rico unter der Leitung von Cachette Maldonado. Dies beruhigte ihn, und er begann mir einige der Geheimnisse seiner schamanischen Arbeit anzuvertrauen, wobei er mir auch gestattete, das Gespräch auf Band aufzunehmen. »Zunächst einmal sollte man niemandem trauen, der sich Schamane nennt, also auch mir nicht, denn sich so zu nennen, ist anmaßend«, begann er. »Ich möchte nicht, dass du das, was ich dir sage, glaubst, ich möchte, dass du meine Ideen und Erkenntnisse mittels deiner Methoden als Rhythmusforscher überprüfst. Wenn du meine Theorien bestätigen kannst, so hast du mein Wohlwollen, wenn du sie widerlegen kannst, hast du meinen Respekt«, begann er. »Wir alle verfügen in unserem Inneren über eine Selbstheilungsfähigkeit und Kernenergie, die man als innere Schamanenkraft bezeichnen könnte. Im brasilianischen Schamanismus geht es keineswegs nur darum zu heilen, ebenso wichtig ist die Fähigkeit, lebendig und motiviert zu werden: Dies nennen wir die innere Schamanenkraft. Um sie zu aktivieren, kennen wir vier Schritte, die wir als die schamanischen Aufgaben bezeichnen:

1. Den Körper befreien – den Rhythmus ausüben. Hier geht es um den freien und damit befreienden Tanz, die Fähigkeit, den Körper in all seinem Potential wahrzunehmen. Es geht auch um das Trommeln und Singen, alles Kunstformen, die fest in das spirituelle Leben der brasilianischen Schamanen eingebunden sind.
2. Das Herz befreien – die Kraft der Vergebung. Hierbei geht es vor allem darum, sich selbst zu vergeben, Fehler und Verfehlungen, die einem im Laufe des Lebens widerfahren sind, anzunehmen. Natürlich gehört auch dazu, seinen Feinden zu vergeben.
3. Die Zeit befreien – die Kraft der Gegenwart. Wichtig ist es, die »Zeit hinter der Zeit« zu erfahren, also die Fähigkeit zu entwickeln, den gegenwärtigen Moment als den wichtigsten zu erkennen.
4. Die Lebensfreude befreien – die Kraft der Freude und des Lachens.

Bei der Kraft der Freude und des Lachens schließlich waren wir bei Mantras angelangt. »Trotz des Klischees des ewig lachenden und fröhlich tanzenden schwarzen Brasilianers ist unsere Kultur auf dem Leid und den Schmerzen der Sklaven aufgebaut«, fuhr Don Rumao fort. »Es war der weiße Sklavenhalter, der unsere Tänze, Gesänge und Trommelrhythmen als die fröhliche Musik der geistig minderbemittelten Neger auslegte, zu beschränkt, um über die Dinge nachzudenken, aber immer fröhlich tanzend. Außerdem beruhigten die Weißen damit ihr Gewissen, denn wenn die Schwarzen tanzten, konnten sie ja nicht so unglücklich sein. Was die Weißen jedoch niemals verstanden, auch heute nicht, ist die Tatsache, dass die Fröhlichkeit der Sklaven Ausdruck ihres tiefsten Schmerzes war, dass sie tanzten, trommelten und sangen, um weiterleben zu können. Es waren die Namen unserer Götter, die uns die Kraft zum Überleben gaben, und in jedem Tanz und jedem Trommelrhythmus riefen wir ihre Namen an, baten sie um Schutz und Hilfe, um die Sklaverei zu überstehen. Die Namen der Götter waren und sind bis heute Teil des Rhythmus. Jeder unserer Rhythmen ist nach einem Gott benannt. Unser Gebet besteht aus dem Tanz und den Gesängen, während die Trommelrhythmen unsere Verbindung zu den Göttern sind. Diese Idee der Trommel als Verbindung zum Göttlichen findet sich in allen schamanistischen Kulturen und ist in der westlichen Mythologie noch im Zauberstab des Magiers, also des Schamanen, erhalten.«

Die »Namen der Götter« waren für die brasilianischen Sklaven ihre Mantras, die sie so oft wie möglich im Gesang anriefen und die sie motivierten, das erlittene Schicksal zu ertragen. Wir haben hier eine Variation des Mantra-Rezitierens, in der der mantrische Gesang mit dem Tanz verbunden wird, während das Trommeln als magische Verbindung zu den Göttern betrachtet wird. Diese Verbindung aus Gesang und Tanz schafft wiederum einen Polyrhythmus und damit Kreativität, während die Namen der Götter optimistische neuronale Vernetzungen aufbauen können.

Dieser vor allem im Nordosten Brasiliens beheimatete religiöse Kult wird »Canomble« oder »Marraccatu« genannt, die wichtigsten Mantras, und das heißt Götter, sind dabei:

- Olorum (gesprochen »Olodum«), er entspricht ungefähr Zeus, dem Göttervater, und ist damit der Sinngeber und die Weisheit.
- Xango (gesprochen »Schangoo«), er entspricht dem Mars, er ist der Gott des Kampfes und der Durchsetzung.
- Oxala (gesprochen »Oschalla«) entspricht der Venus, sie ist die Göttin der Liebe, der Fruchtbarkeit und der Vergebung.

Obwohl diese Mantras in geschriebener Form wenig aussagen, haben sie in der Originalsprache, dem Joruba, und in gesungener Form eine sehr starke Wirkung und können ein Gefühl für die spirituelle Energie vermitteln, die bei den Canomble-Ritualen entsteht. Diese Formen des Tanzens, Trommelns und Betens schufen schließlich die »befreiende Fröhlichkeit des Lachens«. Es handelte und handelt sich bei diesen brasilianischen Kulten auch um eine Form der Selbsthypnose. Diese Selbsthypnosefähigkeit hat jeder Mensch in seinem Inneren, es ist seine ganz persönliche »innere Schamanenkraft« und wenn wir bedenken, unter welch unmenschlichen Bedingungen diese Schamanenkraft den Sklaven zu überleben half, bekommen wir einen Eindruck von ihrer Wirkung und ihren Möglichkeiten.

Mit diesen Impressionen möchte ich Sie nun einladen, etwas mehr über das Singen der Mantras mit der äußeren Stimme zu erfahren, wobei ich Ihnen auch wieder einige praktische Hinweise geben werde.

Mantras und die äußere Stimme

Als die äußere Stimme können wir unsere Stimmbänder und ihre Fähigkeit zu schwingen bezeichnen. Wir wissen aus verschiedensten psychologischen Forschungen, dass ein Mensch den überwiegenden Teil seiner Befindlichkeit durch den Klang seiner Stimme verrät. Die Stimme eines Menschen ist Teil seiner Körpersprache und kann willentlich nicht kontrolliert werden, sie verrät einem kundigen Außenstehenden oft weit mehr, als dem Besitzer der Stimme lieb ist. Nicht umsonst besteht eine sprachliche Verwandtschaft zwischen »Stimmung« und »Stimme«: die Stimme verrät die Stimmung eines Menschen.

Unsere Stimmbänder wurden von der Natur ursprünglich keinesfalls nur dazu geschaffen, die relativ trockenen Schwingungen der Sprache zu transportieren, sie sind ebenso für das Singen und Rufen geeignet. Wenn wir unsere Stimmbänder ausschließlich zum Sprechen gebrauchen, verkümmern sie und können zudem austrocknen. Singen ist eine der besten Möglichkeiten, die

Stimmbänder zu entspannen und zu dehnen, besser zu durchbluten und zu befeuchten. Dies wirkt sich auf den gesamten Hals- und Rachenbereich aus. Allerdings ist es sehr wichtig, entspannt zu singen, verkrampftes und gepresstes Singen kann der Stimme ernsthaften Schaden zufügen.

Mantras bieten eine sehr gute Möglichkeit, mit dem Singen zu beginnen, denn sie erheben keinerlei Anspruch auf Können oder gar Perfektion, man singt, ohne es »beherrschen« zu müssen. Dies kann den Einstieg sehr erleichtern.

Von der Zeit

Der Dalai Lama sprach in mehreren Vorträgen über die Verschiedenheit von den Menschen der Industrienationen zu jenen der so genannten Entwicklungs- und Schwellenländer. Obwohl die Bevölkerung dort allen Grund hätte, in Verzweiflung zu verfallen, ist dies keineswegs die Regel, ganz im Gegenteil: Der für westliche Nationen typische Dauerfrust ist in diesen Ländern weitgehend unbekannt. Nach Ansicht vieler Sozialforscher und Ethnologen liegt dies in erster Linie an einer grundlegend verschiedenen Verhaltensweise: Die Menschen in den Entwicklungsländern leben weit häufiger in der Gegenwart als wir, sie sind flexibler und sie haben die Fähigkeit zu singen. Bevor wir dies genauer betrachten, erlauben Sie mir bitte eine kurze Analyse des Gegenwartsbewusstseins in Mitteleuropa, denn das Singen ist unmittelbar daran gekoppelt. Wir haben uns im Zusammenhang mit den Mantras als Medizin für die Seele schon damit befasst und wollen es hier vertiefen.

Schon Goethe wies wiederholt auf die Kraft des Hier und Jetzt hin, beispielsweise in den Gesprächen mit Eckermann: »Halte immer an der Gegenwart fest. Jeder Zustand, ja jeder Augenblick ist von unendlichem Wert, denn er ist der Repräsentant der ganzen Ewigkeit.« Oder Heinrich von Kleist: »Nur wer für den Augenblick lebt, lebt für die Zukunft.« Wir haben es somit bei dem Gegenwartsbewusstsein keineswegs mit einer Form der Esoterik- oder New-Age-Mode zu tun, es ist fest in unserer Kultur verwurzelt, und dies bereits seit der Antike, wie ein Ausspruch Horaz' beweist: »Der ideale Tag ist heute, wenn wir ihn dazu machen.«

Wenn wir die Thematik jedoch genauer betrachten, wird das Gegenwartsbewusstsein in konservativen Kreisen nach wie vor nicht allzu hoch bewertet, eher im Gegenteil. Im Jetzt zu leben gilt dort als verantwortungslos, denn nur wer sich um die Zukunft sorgt, ist auch auf deren Gefahren vorbereitet. Auch der überwiegende Teil des Finanzsystems, wie beispielsweise die Börse, ist darauf ausgelegt, die Zukunft vorauszuahnen. Als Börsianer sollte man stets auf dem neusten Stand sein und niemals in seinen Bemühungen nachlassen, nach oben zu kommen, jedenfalls wenn man den Anspruch hat, dazuzugehören und Gewinn zu erwirtschaften. So jedenfalls beschrieben mir Kursteilnehmer von Selbstentwicklungsseminaren, die ich in verschiedenen Banken durchführte, die Situation. Dieses »Ganz verkrampft im Wenn und Aber«-System basiert auf der Herrschaft der Uhren. Kein Bewohner der Industrieländer hat die Möglichkeit, sich vor ihnen zu verstecken, wir haben uns im Gegenteil so an sie gewöhnt, dass sie uns geradezu als Stellvertreter einer höheren Macht erscheinen, so schreibt der Gehirnforscher Stefan Klein in seinem Buch *Zeit.* Dort heißt es auch: »Das menschliche Gehirn schätzt die Zeit, indem es beobachtet, wie der Körper sich bewegt.« Klein will damit sagen, dass wir keinen Sinn für den Ablauf von Zeit besitzen, sie ist immer nur durch Bewegung im Raum wahrnehmbar. Die Natur hätte isolierte Zeitwahrnehmung entwickeln können, beispielsweise durch spezialisierte Neuronen, welche ausschließlich diesem Zweck dienen, aber dazu bestand in unserer Evolutionsgeschichte kein zwingender Grund. »Die Evolution ist konservativ, Zeit ohne Bewegung kommt in der Natur nicht vor«, schreibt Klein, »also hatten wir auch keinen Grund, uns anzupassen.«

Wir sind daher also auf Uhren angewiesen. Diese traten ihren Siegeszug etwa zur Zeit Isaak Newtons, Anfang des 18. Jahrhunderts an, und entsprachen genau dessen, für damalige Zeiten revolutionären Weltsicht. Innerhalb von nur einer Generation war es im Bewusstsein der Menschen nicht mehr Gottes Allmacht, die alle Zeit auf Erden steuerte, sondern eine messbare Größe, die nach festen und vor allem berechenbaren physikalischen Gesetzen floss. Newton verglich die Zeit mit einem abgeschossenen Pfeil, der in Geschwindigkeit und Richtung weitestgehend konstant bleibt. Dieses Konzept wurde die von allen Wissenschaften anerkannte unerschütterliche Wahrheit, dank welcher ein gigantischer Fortschrittsschub einsetzte. Jeder Versuch, dieses Zeitmodell auch nur anzuzweifeln, wäre für einen Wissenschaftler in den folgenden zwei Jahrhunderten reiner Selbstmord gewesen. Wenn es eine Sicherheit in der Welt gab, dann war es die Physik, und Newtons Gesetze der Zeit, auf denen auch die gesamte Aufklärung basierte.

Dann, im Jahre 1905, erschien ein gewisser Albert Einstein. Er hatte sich (gegen den Rat seiner Professoren, die ihm zu erklären versuchten, »dass es in der Physik nichts Neues mehr zu entdecken gäbe«), dazu entschlossen, das Mysterium »Zeit« zu erforschen. Er studierte zunächst gehorsam die Konzepte Newtons, doch sein Gefühl sagte ihm immer und immer wieder, dass an diesen noch etwas fehlen müsse. Also versuchte er, die Zeit mit den staunenden Augen eines Kindes zu betrachten und alle rational geprägten Vorurteile hinter sich zu lassen. Dank seiner geradezu übermenschlichen Beharrlichkeit und Geduld hatte Einstein schließlich jene legendäre Vision, nach welcher die Zeit weniger einem Pfeil, sondern eher einem Fluss ähneln müsse, der sich in einer ganz wesentlichen Eigenschaft von einem Pfeil unterscheidet: Seine Geschwindigkeit ist nicht konstant, er fließt mal schnell und mal langsam, und obwohl er einem bestimmten Ziel zustrebt, kann sich seine Laufrichtung verändern. Dies war die Grundüberlegung für die Allgemeine Relativitätstheorie, und sie markierte das Ende der klassischen Physik. Zwar dauerte es noch einige Jahrzehnte, bis sich das neue, auf der Relativitätstheorie basierende Weltbild durchsetzen konnte, doch am Ende stand ein neues Zeitalter: das der Quantenphysik.

Seit dieser Zeit sind die Uhren, rein wissenschaftlich betrachtet, unwissenschaftlich geworden. Uhren sind im Grunde genommen unzureichende Hilfsmittel, um die Zeit zu messen, denn sie gleichen dem Pfeil, nicht dem Fluss. Dem Pfeil entspricht die »äußere«, scheinbar messbare Zeit, während dem Fluss die »innere«, subjektive und erlebte Zeit entspricht. Innere Zeit ist immer an Bewegung gekoppelt, und hier stoßen wir auf ein großes Geheimnis: Die Menschen der lange so genannten Dritten Welt singen und bewegen sich weit häufiger als die der »ersten«, und man lebt bei weitem nicht so bestimmt vom Takt der Uhren wie in Europa oder Nordamerika.

Der Rhythmus ist uns von Natur gegeben, den Takt haben die Menschen gemacht. Uhren bleiben zwar ein wichtiges Symbol der Aufklärung, aber das waren auch die Dampfmaschinen, und auch sie mussten sich zu Gunsten komplexerer Systeme weiterentwickeln. Dieser Entwicklungsschritt ist bei den Uhren und unserem Zeitverständnis nach wie vor überfällig. So lange wir unter ihrer Herrschaft leben, verhalten wir uns so, als hätte es Albert Einstein niemals gegeben. Ganz folgerichtig beschreiben auch viele Reisende, die Asien oder Afrika kennen lernen, die dort herrschende Unwichtigkeit von Uhren als die beste Erholung. Immer wenn wir nach innerer Zeit leben, leben wir unseren Rhythmus, wenn wir nach der unzureichenden Zeit von Uhren leben, leben wir im Takt. Singen können wir aber nur, wenn wir in unserem Rhythmus leben: Denn Singen ist Rhythmus.

Der Rhythmus des Gesangs

Unser Gehirn nimmt Singen als Bewegung wahr, vornehmlich durch eine Intensivierung des Atems und durch eine Vibration der Stimmbänder, es wirkt harmonisierend auf unseren Herzrhythmus und wird daher auch in einigen Herz-Kliniken als Therapie bei Herzrhythmus-Störungen eingesetzt. Außerdem ist es ein treffendes Beispiel für innere und äußere Bewegung zugleich: Der Körper empfindet es als ebenso wohltuend wie beispielsweise Jogging, andererseits wird aber auch das Gefühlsleben intensiviert.

In erster Linie verändert sich jedoch unsere Zeitwahrnehmung, wir gehen von der äußeren zur inneren Zeit. Wenn man »voll im Singen aufgeht«, ist es beinahe unmöglich, nicht im Moment anzukommen. Es ist aber ebenso unmöglich, im Singen »voll aufzugehen«, wenn man im »Wenn und Aber« lebt, also nicht präsent ist. Da es den Gewohnheiten unserer modernen Industriegesellschaft so entgegenläuft, empfinden viele Menschen es als sehr schwierig, das Singen in ihren Alltag zu integrieren. Es war vielleicht in Asien, Afrika, Südamerika oder einem Selbsterfahrungskurs relativ leicht zu singen, wenn man jedoch nach Hause kommt, ist es vorbei. Der Alltag hat einen zurück, die Stimmbänder stehen wieder stramm.

Es gibt noch weitere Gründe, warum Europäer so oft Probleme mit dem Singen haben: Wir sind einem schrecklichen Irrtum erlegen, und zwar der unsinnigen Annahme, es gäbe richtiges und falsches Singen. Obwohl es sich hierbei um eine »irrationale Muss-Annahme« handelt, wie Paul Watzlawick eine durch keinerlei Wissenschaft untermauerte Auffassung bezeichnet, sind fast alle Zeitgenossen davon überzeugt, dass es richtige und falsche Töne geben müsse. Leider wird in der Schule noch immer das Vorsingen benotet, was – wenn wir es einmal wertneutral ausdrücken wollen – unsere lange Tradition des Schulmeistertums verdeutlicht. Allerdings könnte man es auch negativ ausdrücken: Was haben die Kinder den Musiklehrern eigentlich angetan, dass die ihnen etwas so Sinnloses und Demütigendes wie Vorsingen mit anschließender Benotung antun müssen? Es ist eine geradezu barbarische Tradition, die vor über 200 Jahren zeitgleich mit der Schulpflicht eingeführt wurde. Es spricht leider nicht gerade für die Flexibilität unserer Kultusministerien, dass man an dieser Tradition bis heute nichts geändert hat. Dieses Vorsingen hat große Teile unserer Bevölkerung nachhaltig traumatisiert und die Freude am Singen schwer beschädigt.

Man kann das Singen jedoch wieder entdecken, und es kann dann eine sehr beglückende Erfahrung werden. Dies kann man natürlich nur durch die Praxis erfahren, und es ist auch ein Stück weit Veranlagung: Für den einen Menschen ist das Singen ideal, für einen anderen beispielsweise das Malen oder die Zen-Meditation. Um das herauszufinden, muss man es allerdings ausprobieren, nur das Erleben zählt, nicht die theoretische Erkenntnis. Da ich in den letzten 20 Jahren zahlreiche Seminare geleitet habe und viel auf Reisen war, konnte ich mich immer und immer wieder davon überzeugen, wie viel Spaß das Singen den Menschen machen kann, wie befreiend und sogar heilend es wirken kann. Ich persönlich singe am liebsten laut und falsch für meine Hunde, denn diese erheben keinerlei Anspruch darauf, dass es richtig sein müsse (und sie können mich nicht verlassen). Da wir eine starke emotionale Bindung aufgebaut haben, geht es nur um das Gefühl in meiner Stimme, die Hunde fühlen meine Liebe, wenn ich singe. Dabei geht es natürlich nicht nur um Songs oder Mantras (obwohl besondere »tierische Mantras« spontan entstehen können), sondern um alle Formen des stimmlichen Ausdrucks, einzig und allein meine Emotion entscheidet. Ich würde diese Gesangsexperimente niemals öffentlich vortragen, denn ich jodele und singe kitschige Heimatlieder, grunze und zwitschere, aber gerade hierin liegt auch das Befreiende, denn anstatt mich zu beobachten, lasse ich die Stimme frei fließen.

Diese Erfahrungen sind nicht ganz leicht zu vermitteln, aber ich versuche es oft auf folgende Weise: Eine Gruppe von 20 Kursteilnehmern ohne jede musikalischen Erfahrungen spielt einen einfachen Trommelrhythmus über längere Zeit, und nach etwa 30 Minuten stimme ich einen anspruchslosen afrikanischen Gesang an. Wenn ich die Melodie über längere Zeit singe, steigen die Teilnehmer irgendwann darauf ein, zunächst zögerlich, dann mutiger, und irgendwann singen alle aus voller Brust. Niemand macht sich die geringsten Gedanken über richtiges oder falsches Singen, weil alle mit dem Trommeln beschäftigt sind. Wenn ich vorsinge, achte ich darauf, jede Technik zu vermeiden und so natürlich zu singen, wie es mir möglich ist. Dies überträgt sich auf die Teilnehmer, sie spüren instinktiv, dass es um Ausdruck geht und nicht darum, seine Umgebung zu beeindrucken. Das

Gehirn hat somit keine Gelegenheit, über richtiges oder falsches Singen nachzudenken, man singt ohne Absicht und der Atem kann natürlich fließen. Dies kann ein Einstieg, eine Schlüsselerfahrung für das Mantra-Singen werden, denn die Teilnehmer haben erlebt, dass das »immer wiederholte Singen« sie befreien und in einen leichten Trance-Zustand bringen konnte. Wenn man dies einmal erlebt hat, ist man offen und neugierig für weitere Erfahrungen.

Eine Schallwelle wird erst zu einem Ton, wenn ein Ohr sie als solchen wahrnimmt. Ein Ton wird erst dann zu einem »falschen« Ton, wenn wir ihn als solchen bewerten, ansonsten ist er nur eine Schallwelle. Dies ist die psychologische Grundlage für das Singen, nämlich die Fähigkeit, Töne wertfrei wahrzunehmen und ihnen nicht das unzureichende Schulmeisterkonzept unserer Jugend überzustülpen. In diesen Schulstunden rutschte einem vielleicht mal ein falscher Ton dazwischen und alles lachte. Man fühlte sich verspottet und hatte die ersten Hemmungen. Dasselbe kann auch auf einer Party passieren: Man singt mit den anderen mit und hat Spaß, doch plötzlich singt man ein paar schrille Töne und wird von der Clique dafür ausgelacht. Da es eine peinliche Erfahrung ist, lernt man, sich in Zukunft zurückzuhalten, bis man schließlich ganz aufhört zu singen. Hinzu kommt, dass das Singen ab der Pubertät »uncool« ist, und das schon seit einigen Generationen. Vielleicht kennen Sie den Film *Die Feuerzangenbowle* mit Heinz Rühmann aus dem Jahre 1944. In einer Szene besingt die ganze Schule den Frühling, doch Rühmann gibt vor, falsch zu singen, wodurch er freigestellt wird und sich mit einem hübschen Mädchen im Biergarten treffen kann. Dies war einer der zaghaften Versuche des Regisseurs, Kritik am (zu dieser Zeit schon arg lädierten) Nazireich zu üben. Der Held verweigert die Teilnahme an der Gemeinschaft sowie am »deutschen Lied«, beides Dinge, auf die die braunen Ideologen so großen Wert legten. Hier finden wir auch einen der Gründe, warum das Singen so an Beliebtheit eingebüßt hat: Die Nazis haben es für ihre Zwecke missbraucht. Im Jahre 1987 war ich nach einem meiner Konzerte in Hamburg auf eine Party eingeladen und wurde dort einem älteren Herrn vorgestellt, der aktiv am Widerstand gegen den NS-Terror teilgenommen hatte. Als eine Freundin mich mit ihm bekannt machte und ihm erzählte, dass ich trommle, singe und mich für esoterische Themen interessiere, wurde er äußerst ungehalten und bemerkte, dass er gehofft hatte, dass wir dergleichen Irrsinn in Deutschland hinter uns hätten. Erst als ich ihm versicherte, dass ich ethnische Rhythmen der Dritten Welt spiele, nicht in Deutsch sänge und meine esoterischen Interessen sich weniger auf Astrologie als auf Schamanismus bezögen, beruhigte er sich wieder. Er entschuldigte sich schließlich und sagte zu mir: »Weißt du, men Jung, das Schlimmste an der braunen Brut war ihr ständiges behämmertes Gesinge, ihre Trommeln und ihr Esoterik-Trip.« Ich verstand in diesem Moment, dass eine ganze Generation traumatisiert worden war und dass das deutsche Lied sich von diesem Missbrauch so schnell nicht erholen wird.

Die meisten Mantras haben den Vorteil, dass sie durch die Fremdartigkeit ihrer Klänge und ihrer Texte solche Bezugsketten vermeiden, denn dem Neuen kann man vorurteilsfrei gegenübertreten. Es wäre natürlich legitim, ein Volkslied wie »Das Wandern ist des Müllers Lust« als Mantra zu bezeichnen, aber es ist schwieriger, solch ein Lied mit einer inneren Erfahrungsdimension zu singen. Wenn Menschen in einem Magnetresonanz-Tomografen ein Volkslied singen, werden völlig andere Bereiche des Gehirns aktiviert als bei außereuropäischen Mantras. Das liegt daran, dass wir bei unseren Volksliedern – bewusst oder unbewusst – alle Arten von Erinnerungen abrufen. Bei Mantras sind wir wertfrei, also »ein unbeschriebenes Blatt«. Daher scheinen mir diese eine ideale Möglichkeit zu sein, um das Singen kennen zu lernen und regelmäßig in das Leben zu integrieren. Da es zu einem bestimmten Zeitpunkt unseres Lebens im Zuge des Erwachsenwerdens notwendig sein wird, dass wir unsere Pubertätstraumata aufarbeiten, kann es eine sehr wirkungsvolle und noch dazu schöne Therapie sein, sich wieder an das Singen heranzuwagen. Bevor wir uns Wege ansehen, dies zu erreichen, erlauben Sie mir bitte, auf einige Kardinalfehler hinzuweisen, die jeden Versuch, das Singen wiederzuentdecken, im Keim ersticken könnten.

So sollten Sie es nicht versuchen – ein paar Warnungen

Mantra-Karaoke

Manche Menschen, die bisher nicht allzu viel mit Musik zu tun hatten, halten das, was uns die Massenmedien anbieten, tatsächlich für Musik, namentlich Sendungen wie »Deutschland sucht den Superstar« und Ähnliches. Wenn man darauf hinweist, dass es sich hier nicht um Musiker, sondern fast immer um eine Art Karaoke-Sänger handelt, die kaum eigene kreative Fähigkeiten mitbringen, hört man oft den Einwand: »Es ist aber sehr erfolgreich.«

Das stimmt unbestritten. Für mich lautet die Frage, was man mit dem Musizieren, hier dem Singen, erreichen will. Und was mir dabei weit wichtiger und länger tragend zu sein scheint als der kommerzielle Erfolg, ist der geistig-emotionale Lernprozess, den die künstlerische Betätigung auslöst. Man kann natürlich damit beginnen, Karaoke zu singen, aber wenn man sich entwickeln möchte, kann dies nur ein vorübergehendes Stadium sein. Jeder wirkliche Musiker strebt nach Selbstverwirklichung, auch wenn der eine oder die andere sich dies im Zuge des Existenzkampfes nicht immer voll eingestehen kann. Aus diesem Grund kann rein kommerzielle Musik einen Menschen niemals ganz erfüllen, in erster Linie, weil diese weit eher auf Außenwirkung als auf inneres Wachstum abzielt. Aus diesem Grund sollte man sich früher oder später eine Frage ehrlich beantworten: »Will ich imponieren oder leben?«

Quatschi

Der Begriff »Quatschi« wurde von dem Münchner Psychotherapeuten Jens Corssen geprägt und bezeichnet jene Ebene in uns, die nicht aufhören kann, alles, was wir tun, mit Wertungen zu belegen. Corssen ermutigt seine Patienten dazu, sich diesen Quatschi als eine Art manisch-depressiven Gnom vorzustellen, der auf unserer Schulter sitzt und uns geradezu zwanghaft seine Meinung – und vor allem Wertung – mitteilt. Quatschi ist deshalb als manisch-depressiv oder, moderner ausgedrückt, bipolar gestört, zu bezeichnen, weil er (oder sie) alles in Schwarz oder Weiß betrachtet. Man könnte fast den Verdacht hegen, Quatschi sei ein Relikt aus der Pubertät, das sich aufgrund bestimmter Grausamkeiten der Evolution in unserer Hirnrinde festgesetzt hat.

Neben vielen anderen Gemeinheiten, die er uns antut, neigt Quatschi dazu, jede Form des Gesangs, die wir ausprobieren und kennen lernen wollen, sofort zu werten und – metaphorisch gesprochen – eine voll besetzte Konzerthalle vor unserem inneren Auge aufzubauen. Somit ist man nicht unbefangen, sondern ständig damit beschäftigt, den Gesang zu beobachten: »Das war gut gesungen, das war schlecht gesungen« und so weiter. Das kann einem natürlich durchaus die Kehle zuschnüren. Wenn man jedoch beispielsweise dasselbe Mantra über 30 Minuten singt, ohne zu variieren, wird es für Quatschi langweilig – er zieht sich allmählich zurück. Und genau hierin liegt eine der großen Chancen des Mantra-Singens: Man kann es nicht mit dem Ego tun, und gerade dies kann ungeheuer befreiend sein und die Stimme lösen.

Vermeiden Sie Experten

Natürlich braucht die Welt eine Gattung Mensch, die sich als professionelle Musiker/innen bezeichnen, Sie können diesen Menschentyp am Anfang Ihrer Gesangsversuche jedoch mit Sicherheit nicht gebrauchen. Vermeiden Sie jeglichen Kontakt zu Profimusikern und allen anderen Fachleuten in Sachen Musik: Es ist zu Ihrem Besten. Dies gilt ebenso für Maler, wenn Sie sich für

Gestalttherapie interessieren sollten, und Schriftsteller, falls Sie »freies suggestives Schreiben« erlernen wollen. Fachleute verderben einem in Rekordzeit das neue Hobby, denn immerhin haben sie, falls sie es mit ihrer Kunst ernst meinen, einen beträchtlichen Teil ihres Lebens dafür geopfert, sich der Perfektion zu nähern. Um jedoch die Miete bezahlen zu können, bietet so mancher Musiker Gesangsunterricht an, in dem er sich zwar über Ihr Erscheinen freuen wird, Ihnen dann aber klar und deutlich machen wird, dass es eine ernste und schwierige Aufgabe ist, die hohe Gesangskunst zu erlernen, und dass dies mehrere Jahre der harten Arbeit erfordert. Dass Sie das Singen nur aus »Spaß« erlernen wollen und keinerlei professionelle Ambitionen damit verfolgen, wird ein »Professioneller« nur in den allerseltensten Fällen als positive Motivation auffassen. Vielmehr wird er/sie sich über Ihr labiles Wesen erzürnen, denn Singen ist sehr anspruchsvoll und sollte als seriöse Kunst ernst genommen und entsprechend gewürdigt werden. »Spaß entsteht im Laufe der Jahre, zuerst brauchen wir eine technische Grundlage«, wird demnach die Antwort eines Berufsmusikers zu Ihrer Spaßattacke sein.

In der Gehirnforschung gibt es ein Mantra, das mittlerweile auch im Kreativbereich der Industrie Einzug gehalten hat: *The brain runs on fun.* Frei, laut und schräg zu singen, ist enorm befreiend und macht sehr viel Spaß. Dass dies so ist, können wir jedes Wochenende in den Fußballstadien Europas bestaunen, in denen es zwar auch um das Spiel, für die echten Fans aber vor allem um den gemeinsamen Gesang geht. Die Songs wechseln ständig, die Fans müssen flexibel sein, schnell auf neue Melodien einsteigen können, und vor allem geht es darum, die gegnerische Mannschaft zu überbrüllen, also mit Sicherheit nicht um die hehre Gesangskunst. Es soll Spaß machen und es geht darum, Druck abzubauen. Da Fußballfans in aller Regel nicht in übertrieben intellektuellen Dimensionen denken, kann man mit an Sicherheit grenzender Wahrscheinlichkeit davon ausgehen, dass sie nicht so leidenschaftlich singen würden, wenn es sich nicht bewährt hätte. Natürlich könnte man an dieser Stelle einwenden, dass Schlachtenbummler eher grölen als singen, doch dies ist eine allzu menschliche Wertung. Aus musikwissenschaftlicher Sicht erzeugen sie Schallwellen, und damit singen sie. Und sie haben jede Menge Spaß dabei. Daher mein Rat: Wenn Sie anfangen wollen zu singen, vermeiden Sie Gesangslehrer, denen es nur um den künstlerischen Ausdruck geht. Trinken Sie lieber einen guten Schluck und mischen Sie sich unter die Fankurve Ihrer lokalen Fußballmannschaft. Sollte dieser Ratschlag mit Ihrer Bildung oder Ihrer gesellschaftlichen Stellung nicht vereinbar sein, empfehle ich das Münchner Oktoberfest, nahe an der Musikkapelle, oder wahlweise eine Entdeckungsreise in den Norden Brasiliens.

Exkurs: Mantras können die Welt verändern

Übrigens kann das laute und kraftvolle Singen von Mantras nicht nur gesundheitlich und spirituell viel bewirken. Es gibt ein Mantra, das unsere Geschichte mitbestimmt hat: Mitten in den Wirren der Französischen Revolution komponierte ein unbekannter Landadeliger ein Liedchen, das er im Freundeskreis vortrug und dafür mit freundlichem Applaus bedacht wurde. Über eine Reihe von Zufällen fanden die Noten zu einem Soldaten der Nationalgarde nach Marseille. Die Marseiller mussten am nächsten Tag nach Paris aufbrechen, um sich einer royalistischen Konterrevolution entgegenzustellen, und das Ergebnis dieser Unternehmung erschien äußerst zweifelhaft. Man konnte sich nicht in kriegerische und hoffnungsvolle Stimmung hinein alkoholisieren, es blieb nur der gemeinsame Gesang, um sich Mut zu machen. In dieser Situation sang der Soldat die erste Zeile des Liedes, allerdings etwa doppelt so schnell wie in der Komposition vorgesehen: »Alors enfants de la Patrie, le jour de gloire est arrivé.«

Der Funke sprang über, tausende von Stimmen nahmen den Text und die Melodie auf, sangen sie bis spät in die Nacht und wiederholten sie wieder und wieder, während sie am nächsten Tag begannen, nach Paris zu marschieren. Wo immer sie vorbeikamen, lauschten die Menschen voller Faszination: »Was singen die Marseiller da, was sind das für aufpeitschende Klänge und magische Worte?« Die »Marseillaise« war geboren, zweifellos eine Revolutionsmelodie und spätere Nationalhymne, die unsere Geschichte entscheidend geprägt hat. Es ist eine auffällige und immer wieder dokumentierte Eigenschaft der Marseillaise, dass man sie immer und immer wieder singen kann, ohne zu ermüden – sie ist ein Mantra. Dafür spricht auch der eher religiös-magische als rein politische Text: Die Marseillaise hat religiöse Züge und sollte diese Kraft im revolutionären Frankreich ja auch einsetzen.

Mantras singen

Singen wird für den Menschen vor allem dann heilsam sein, wenn er Spaß dabei hat, wenn der Gesang ihn erfüllt. Das Wort »Spaß« ist aus meiner Sicht ein zu eindimensionaler Begriff, um all die facettenreichen Zustände zu charakterisieren, die er beschreiben will. Zunächst einmal bedeutet Spaß die Reduzierung oder gar Abwesenheit von Angst. Außerdem geht eine fühlbare Leichtigkeit mit dem Spaßgefühl einher, es entsteht eine schmerzlindernde Wirkung auf den Organismus, die das Immunsystem stärkt und wie ein körpereigenes Medikament gegen hohen Blutdruck wirkt. Bei spaßerfüllten Erlebnissen wird das Zeitgefühl weit eher von innerer als von äußerer Zeit bestimmt, was man auch an der Körpersprache ablesen kann: Ein Blick auf die Uhr signalisiert schließlich nicht unbedingt, dass man Spaß hat, sondern etwas hinter sich bringen will. Wenn man die Zeit der Uhren dagegen vollkommen vergisst, ist dies ein Zeichen, dass man von dem, was man tut, erfüllt ist. (Es versteht sich sicherlich von selbst, dass ich hier keine Werbung für das reduzierte Spaßverständnis der so genannten Spaßgesellschaft mache, in der es eigentlich nicht um Spaß und Lebensfreude, sondern darum geht, »immer gut drauf zu sein«. Das ist jedoch nicht Spaß, es ist ein [mit Verlaub nicht allzu gut durchdachtes] Verhaltenskonzept, das versucht, Lebenskrisen und Schwachstellen zu verdrängen. Man kann selbstverständlich auch in einer Lebenskrise Spaßerlebnisse haben, und überdies: Auch meditierende Zen-Mönche haben Spaß.)

Wie also kann man lernen, mit Spaß zu singen? Zunächst einmal empfehle ich Ihnen »geschützte Räume«, egal ob während des Autofahrens, bei der Hausarbeit, in der Werkstatt oder im Keller, während einer Fahrradtour oder auf einer Berghütte, Sie sollten absolut sicher sein können, dass Ihnen niemand zuhört. Sobald Sie merken, dass Sie Publikum haben, werden Sie befangen sein und Ihre Stimme wird nicht mehr frei fließen können.

Eine Ausnahme stellen alle Arten von Haustieren dar, die nicht nur keine Störung sein müssen, sondern sogar eine große Hilfe werden können. Hunde lieben oft gefühlvolle Klänge, während Katzen sich in der Regel von rhythmusbetonter Musik angezogen fühlen. So lange Sie allein singen, gibt es absolut keine Klänge, die Sie nicht singen könnten, alles ist möglich – und je verrückter Sie singen, desto mehr Spaß wird es machen. Sie können ein kitschiges Heimatlied für Ihren Cockerspaniel mit einem aggressiven Rap-Spruch gegen Ihren Chef und einem heiligen indischen Mantra kombinieren: Was niemand hört, kann niemand werten.

Zunächst geht es ja einmal nur um Sie selbst, um eine Art Gesangstherapie in eigener Verantwortung, und nicht um solch komplizierte Themen wie spirituelles Wachstum. Das kommt später. Lernen Sie also als ersten Schritt den maximalen Ausdruck, laut und leise singen, wütend singen, peinlich berührt singen, wollüstig oder angewidert singen und so weiter. Wenn man nicht wie ein Wildschwein grunzen kann, wird das auch nichts mit den engelsgleichen Chören. Mantras zu singen bedeutet ehrlich zu singen, ohne jeden Versuch, »heilig« zu klingen, denn dies klingt in aller Regel nicht »heilig«, sondern »scheinheilig«. Wenn Sie schön singen wollen, lernen Sie am besten zuerst einmal hässlich zu singen. Sie werden feststellen, dass Ihre Kreativität, sobald Sie dieses frei suggestive Singen einmal ausprobieren, alles übersteigt, was Ihnen jemand als Anweisung geben könnte.

Mit CDs mitsingen

Eine sehr wichtige Vorraussetzung, um mit einer CD mitzusingen, ist es, die Anlage laut genug aufzudrehen. Musiker kennen dies von der Bühne, dort nennt man den Gesamtklang der Band das »Monitoring«. Wenn das nicht laut genug ist, kann man nicht gut singen. Natürlich sollte man die eigene Stimme hören, aber eben nicht zu laut.

Wenn das Verhältnis zwischen Stimme und »Playback« stimmt, sollten Sie sich ein bisschen Zeit zum Aufwärmen der Stimmbänder nehmen. Natürlich sind klassische Gesangsübungen nicht notwendig, aber die Stimme sollte warm werden, genau genommen sollten die Stimmbänder gedehnt werden. Es gibt einen einfachen Trick, um dies zu erreichen: Singen Sie bewusst verrückt, tun Sie alles, um harmonische Töne und einen seriösen Gesang zu vermeiden. Nach einigen Minuten werden die harmonischen Töne ganz von selbst entstehen, und die Stimmbänder sind warm geworden. Achten Sie jedoch peinlich darauf, allen Noten, Musiktheorien und der gesamten Harmonielehre aus dem Weg zu gehen. Diese Dinge haben für bestimmte Aspekte der Musik ihre Berechtigung, um jedoch das Mantra-Singen zu erlernen, sind sie das reine Gift, jedenfalls so lange wir uns mit dem Singen zum Spaß und für spirituelles Wachstum beschäftigen.

Folgendes gilt für das Mitsingen von CDs:

- Die Musik sollte einigermaßen einfach gehalten sein (jedenfalls am Anfang der CD). Dies gilt sowohl für die Texte als auch für die Musikarrangements.
- Die Musik sollte Ihnen gefallen und Spaß machen.
- Sie sollten diese Musik niemandem vorspielen und darauf achten, dass solche unnötigen kleinen Egotrips wie in Gesellschaft »zufällig mitsingen und auf Lob für die Gesangeskünste hoffen« unbedingt vermieden werden.

- Achten Sie darauf, den Ausdruck in den Mittelpunkt Ihrer Gesangsversuche zu stellen, nicht den Wunsch zu beeindrucken: Sie singen nur für den jetzigen Moment, es gibt kein Gut und kein Schlecht, und es wird (Gott sei Dank für Sie selbst) keinen Bühnenauftritt mit diesem Gesang gegen. Ihr Gesang ist nicht richtig und nicht falsch, er ist nur eine Schallwelle, und er ist im Jetzt.

Mantras mit der Gitarre singen

Um regelmäßig seine Stimme schwingen zu lassen, sei es nun mit Mantras oder mit Pop-Songs, scheint mir die Gitarre am ehesten geeignet zu sein. Ähnlich wie beim Singen besteht auch hier die größte Gefahr darin, einem Profi in die Hände zu fallen und damit die Freude am Gitarrespielen zu verlieren, noch bevor man sie richtig entdeckt hat.

Auch beim Gitarrespielen gilt: Vermeiden Sie Noten, vermeiden Sie, die Akkorde mit Buchstaben zu benennen, vermeiden Sie einfach alles, was Sie bisher als notwendig erachteten, wenn es um das Erlernen eines Instrumentes ging. Sie wollen ja kein Musikinstrument erlernen, Sie wollen Ihren Mantra-Gesang ein bisschen mit der Gitarre begleiten, das ist etwas vollkommen anderes.

Einige Mantras kann man bereits mit zwei Gitarrengriffen spielen und singen, die meisten anderen mit drei oder höchstens vier Griffen. Und diese Griffe können Sie in einigen Stunden erlernen. Bedenken Sie, dass die Idee des Mantrasingens aus Ländern der Dritten Welt stammt, in denen die Musik sehr viel mehr aus der Intuition und dem Gefühl heraus erlebt wird. Alles zu Systematische und Geplante wie Noten und Gitarrenunterricht läuft dieser Energie entgegen und baut eine neuronale Vernetzung auf, die die falschen Prioritäten setzt.

Ideal ist es, wenn Sie einen Bekannten haben, der ein wenig Gitarre spielen kann. Sie können sich dann einfach einige Griffe zeigen lassen und sie in Ihrem Zeitmaß üben, wobei ich empfehlen würde, den Fernseher ohne Ton laufen zu lassen, das entlastet das Gehirn. Das sollte allerdings kein Privatfernsehen sein, sondern eher Discovery Channel History, ein anderer Bildungskanal oder eine DVD. Mir persönlich hat eine Verfilmung von Shakespeares *Sommernachtstraum* beim Gitarrespielen großartige Dienste geleistet. Der Bildschirm ohne Ton wurde übrigens von einigen der bekanntesten Musiker unserer Zeit als Übungshilfe benutzt, beispielsweise von John Lennon und Paul McCartney, Elvis, Donovan, Prince, Phil Collins und Xavier Naidoo. Durch die Möglichkeit, zwischen Fernsehbild und Gitarre hin und her zu schalten, erschafft unser Gehirn sehr viel schneller Lernvernetzungen. Wir neigen dazu, vor allem dann etwas zu lernen, wenn wir nicht daran denken, dass wir lernen wollen. Dies gilt vor allem bei Sprachen und Musik, die andere Bereiche unseres Gehirns ansprechen als beispielsweise Mathematik und Logik.

Sollten Sie niemanden kennen, der Gitarre spielt, aber damit anfangen wollen, würde ich Ihnen raten, folgendermaßen vorzugehen:

1. Kaufen Sie sich eine Gitarre, möglichst keine Schlaggitarre oder Westerngitarre mit Stahlseiten, denn die sind am Anfang zu schwierig zu spielen. Ich empfehle Ihnen eine klassische Gitarre oder eine Flamenco-Gitarre mit jeweils drei Stahl- und drei Nylonsaiten. (Jeder Musikhändler weiß, was damit gemeint ist und kann Ihnen weiterhelfen.) Kaufen Sie sich unbedingt ein Stimmgerät und drei Plektrons dazu. Lassen Sie sich vom Händler genau die Funktionsweise des Stimmgeräts erklären.
2. Sie brauchen jetzt einen Lehrer. Ihn finden Sie über Anzeigen in Zeitungen oder Aushänge an Musikschulen oder Bibliotheken. Sie sollten bereits am Telefon klipp und klar machen, dass Sie nur ein paar Griffe lernen wollen, keine Noten und nicht einmal die korrekten Bezeichnungen für die Griffe. Sie wollen einfach nur pro Unterrichtsstunde zwei bis drei Gitarrengriffe erlernen und diese dann zuhause vor Ihrem Fernseher als Entspannungsübung und zu Ihrem Spaß ausprobieren.
3. Jetzt brauchen Sie Mantras, die Sie üben können. Am einfachsten ist es wahrscheinlich, die CD aus diesem Buch zu verwen-

den, die Mantras darauf sind alle einfach gehalten und Sie werden nach kurzer Zeit im Stande sein, sie so weit nachzuspielen, dass Sie dazu mit Freude singen können.

Von entscheidender Wichtigkeit ist es, das Mantra-Singen eine ganze Zeit lang als Teil Ihrer Psychohygiene zu betrachten. Hier gelten die gleichen Regeln wie beim Mitsingen mit CD, vor allem Vorführen und Vorspielen sollten tabu sein, damit können Sie sich die Anfangsfreude gründlich ruinieren. Bedenken Sie auch, dass es keinen Grund gibt, sich mit Gitarristen oder Sängern zu vergleichen oder sich vor Musikern in irgendeiner Form zu rechtfertigen. Wenn man das Joggen entdeckt, kann man das sehr gut ohne jede sportliche Ambition tun und komplett darauf verzichten, an jeglicher Form von organisierten Wettkämpfen teilzunehmen. Das Schöne am Joggen besteht ja gerade darin, dass man ganz für sich läuft, keinerlei Konkurrenzdruck hat und es genießen kann, langsam zu laufen, um den eigenen Rhythmus zu spüren. Man kann zehn Jahre joggen gehen und trotzdem niemals den Ehrgeiz entwickeln, schneller oder besser zu werden. Und man muss das Joggen niemals anderen Menschen vorführen, nach dem Motte: »Schaut her, wie toll ich laufen kann!« Genauso kann man es mit dem Mantra-Singen und der Gitarre machen. Es ist vollkommen in Ordnung, gemeinsam mit anderen zu singen, aber das sollte niemals den Charakter einer Vorführung haben. Es geht, genau wie beim Joggen, darum, den eigenen Rhythmus wahrzunehmen.

Mantras mit Trommeln

In den afrikanisch geprägten Kulturen, welche neben dem schwarzen Kontinent auch große Teile von Südamerika und der Karibik umfassen, werden Mantras vor allem im Zusammenklang mit Trommeln erlebt. Vielleicht kennen Sie die Salsa-Musik, die in den letzten Jahren auch in Europa sehr populär geworden ist. Ein entscheidendes Merkmal des Salsa ist der so genannte Montuno, in dem der Chor denselben Satz immer und immer wieder singt. In der heutigen Zeit sind diese Sätze oft trivial, aber in der ursprünglichen Musik – dem Bomba und Plena – hatten diese Sätze einen spirituellen Charakter, waren also als Mantras zu bezeichnen. In Kuba wird diese spirituelle Form der Trommelmusik als Santeria bezeichnet, in Brasilien als Canomble oder Maracca tu, in Tahiti und Nigeria als Vodoo, was natürlich nichts mit den imperialistisch geprägten Vorstellungen des Voodoo zu tun hat, die der »weiße Mann der Kolonialzeit« erschuf.

Es war eine entscheidende Wende für mein Leben, mich vom klassischen westlichen Schlagzeug abzuwenden und den afrikanisch geprägten Kulturen zuzuwenden. Ich tat dies gewiss nicht freiwillig, sondern musste mich den Strömungen der Zeit beugen. Noch im Jahre 1980 war ich sehr stolz darauf gewesen, dass ich bereits im Alter von 17 Jahren von meinem Trommeln leben konnte, ich war einer der jüngsten professionellen Schlagzeuger Deutschlands. Doch dann kam etwas vollkommen Neues, die Musik änderte sich schlagartig und hieß plötzlich »New Wave«. Schlagzeuger waren ab jetzt nur noch dazu da, den Takt zu halten, jeglicher rhythmische Ausdruck war von einem Moment auf den anderen vollkommen aus der Mode gekommen. Ich hatte zwar noch »Jobs« auf der Bühne und im Studio, aber ich begann mich zunehmend zu langweilen und den Spaß an meinem Instrument zu verlieren. In dieser Situation wandte ich mich der afrikanischen Musik zu, begann vom Schlagzeug auf »ethnische Percussion« umzusatteln. Je tiefer ich in diese Musikformen eindrang, desto weniger beschäftigte ich mich mit der reinen Trommeltechnik und desto mehr mit Gesängen und Tänzen. Schließlich studierte ich »Ethnische Percussion« in Puerto Rico, Kuba, Brasilien und Afrika und begann sie zum Mittelpunkt meines Lebens zu machen. Ich kann daher nicht so ohne weiteres einen Trampelpfad zum Erlernen des Trommelns geben, in diesem Fall bin ich derjenige, der sagt: »Das dauert viele Jahre, wir brauchen zunächst mal eine solide technische Grundlage.« Vor allem aber ist es schwierig, sich in Europa auf eine einheitliche Trommel zu einigen. In Lateinamerika ist es die Conga, in Brasilien die Atabaque und in Afrika die Djembe' oder *talking drum*. Jede dieser Trommeln hat andere Regeln, und wenn ich den Weg, eine dieser Trommeln zu erlernen, beschreiben würde, würden die meisten deutschen Trommler damit nichts anfangen können.

Ich empfehle daher im Allgemeinen, zu Trommelmusik vom Band Mantras zu singen und sich zu bewegen. Das Wort »Tanz« ist mir zu belastet, daher erlauben Sie mir, ab jetzt das Wort »Bewegung« zu verwenden. Damit will ich sagen, dass es mir nicht um das Erlernen von Tänzen nach festgelegten Schritten geht, sondern um den freien Ausdruck über den Körper, die Fähigkeit, jene »Kernenergie« oder »Schamanenkraft« in unserem Inneren zu aktivieren.

Leider kann nicht jeder von uns so laut Musik hören oder trommeln, wie er oder sie will, auch mich hat dieses Problem lange Zeit begleitet und war ein wichtiger Grund für mich, aufs Land zu ziehen. Man kann aber einiges mit einem Kopfhörer ausrichten, denn Singen und Bewegen ist ja nicht so laut. Auch hier habe ich für die beiliegende CD einige Stücke aufgenommen, die sich recht gut für einen Anfang eignen. Ich empfehle Ihnen aber auch Salsa-Musik, man muss den Text nicht verstehen und kann ohne weiteres mitsingen, wenn man das Stück einige Male gehört hat. Wenn Sie die Musik nur im Kopfhörer hören, ist es etwas schwieriger, zur Musik mitzusingen, das geht deutlich besser, wenn Ihre Stimme im Raumklang untergeht. Entscheidend ist jedoch nicht die Lautstärke, sondern die Intensität. Man kann in dieser Situation auch sehr gut in die Luft trommeln, beispielsweise mit zwei ausrangierten Holzkleiderbügeln.

Achten Sie beim »Tanzen« darauf, dass Ihre Bewegungen ausschließlich von innen kommen, auch bei Bewegung ist es Quatschis liebstes Spiel, Sie zu beobachten und zu bewerten, ob die Bewegungen wohl auch »gut« aussehen. Sie sollten also nicht in Sichtnähe eines Spiegels sein, das Licht sollte gedämpft sein, Sie sollten sicher sein, dass Sie unbeobachtet sind.

Eindruck und Ausdruck

Der Klang unsere Stimme spiegelt nicht nur unsere Stimmung wider, er sagt auch etwas über unser Wesen aus. An diesem Klang stufen unsere Mitmenschen instinktiv ein, ob wir einen »stimmigen« Eindruck auf sie machen. Ein wesentlicher Teil dieses Eindrucks hängt von der Schwingung unserer Stimmbänder ab, sie entscheidet in hohem Maße über erotische oder unerotische Ausstrahlung, über eine sympathische oder unsympathische Wirkung, über die Atmosphäre, die wir in unserem Umfeld verbreiten. Aufgrund unseres evolutionären Erbes aus der Höhlenzeit sind wir im Stande, alle wesentlichen Informationen über einen Menschen am Klang seiner Stimme herauszuhören. Dieses Wissen ist jedem Menschen instinktiv zu eigen, man muss es nicht lernen, sondern nur beginnen, sich an verschüttetes Wissen zu erinnern.

Wir können unsere Stimme nicht dauerhaft verstellen, um uns eine interessantere, erotischere oder seriösere Stimme anzutrainieren, denn dies wird von den meisten unserer Mitmenschen intuitiv durchschaut. Jeder Mensch hat einen eingebauten Seismographen für den natürlichen Klang von Stimmbändern. Der Versuch, diese zu manipulieren, kann nur sehr einfache Gemüter täuschen. Wenn wir es versuchen, wirken wir auf die meisten unserer Mitmenschen nicht mehr authentisch, sondern angestrengt, blockiert und gehemmt, man macht keinen »stimmigen« Gesamteindruck mehr.

Als ich Seminare für Mitarbeiter von Banken gegeben habe, habe ich oft versucht, mit den Teilnehmern den natürlichen Klang der Stimme wieder hervorzuholen und damit die einstudierte, nur scheinbar seriöse »Bank-Stimme« zu reduzieren. Es zeigte sich, dass die Mitarbeiter diese Übung als sehr befreiend erlebten, ihre Vorgesetzten am Arbeitsplatz jedoch nicht einverstanden waren. Die Chefs konnten gar nicht so recht sagen, warum das so war, sie fühlten sich einfach in ihrer Autorität bedroht. Dieser Hinweis führte mich auf eine weitere soziale Funktion unserer Stimme: Sie verrät nicht nur etwas über unsere

Stimmung, sie verrät auch etwas über unseren Status. Die Abteilungsleiter wollten – sozusagen – die Anspannung in den Stimmen ihrer Untergebenen weiterhin hören, denn diese Anspannung festigte und erhöhte ihren eigenen sozialen Status. Für sie war es wohltuend wahrzunehmen, dass andere Menschen in ihrer Gegenwart befangen und ängstlich sind, denn ein Chef, der dies bei seinen Mitarbeitern auslöst, muss wichtig sein. Wer den Versuch unternimmt, seiner Stimme einen anständigen, manierlichen, wohlerzogenen und damit scheinbar seriösen Klang zu verleihen, sendet damit an seine Umgebung Signale der Unterwürfigkeit und eines relativ niedrigen sozialen Status aus. Wer dagegen gelassen, gelöst, leger und zwanglos klingt, sendet Signale eines intakten Selbstbewusstseins und damit eines relativ hohen sozialen Status aus. Unsere Instinkte nehmen dies vollkommen unbewusst wahr, wir haben gar nicht das Bedürfnis, den Grund für die selbstbewusste Ausstrahlung eines Menschen zu analysieren, sie wirkt unterschwellig auf uns, jedenfalls so lange, wie wir nicht gelernt haben, auf ihre Ursachen zu achten. Dasselbe gilt auch für die Geruchsaura eines Menschen, welche jedoch mit Parfüms und Kosmetika manipuliert werden kann, ebenso wie für den optischen Eindruck, der aber mit Kleidung, Kosmetik und einstudiertem Mienenspiel manipuliert wird. Auch im Mienenspiel können kundige Fachleute, beispielsweise Bioenergetiker und andere Kenner der Körpersprache, weit mehr herauslesen, als uns unter Umständen lieb ist.

Auch über Dialekt beziehungsweise die Abwesenheit von Dialekt sagen wir etwas über unseren Status aus. Wenn jemand nach Herzenslust seine heimatliche Mundart, ebenso aber lupenreines Hochdeutsch sprechen kann, signalisiert er damit seiner Umwelt: Ich bin hier verwurzelt, aber ich bin auch ein global player, ich bin in beiden Welten zuhause. Wenn jemand dagegen nur Dialekt sprechen kann und Schriftdeutsch vermeidet, sagt er damit: Ich bleibe hier, ich brauche keine Fremdsprachen, und ich bin eher an materiellen Dingen als an Bildung interessiert. Interessanterweise gab und gibt es in Bayern immer wieder Versuche, den Dialekt als Sprache zu etablieren, also ernsthaft das Hochdeutsche durch das Bayrische zu ersetzen – und das, obwohl man im Bayrischen keinen Genitiv kennt und sich auch sonst grammatikalisch auf sehr dünnem Eis bewegt. Ich denke, das hängt damit zusammen, dass auf ausschließlich Dialekt sprechenden Menschen ein großer Druck lasten muss, vor allem, wenn sie ständig mit den eigenen Sprachmängeln konfrontiert werden: Durch ihre mangelhaften Sprachkenntnisse setzen sich reine Dialektsprecher ständig selbst in ihrem Status herab. Dabei spielt es auch eine gewisse Rolle, dass die Stimme, beispielsweise im bayrischen oder ostfriesischen Dialekt, vollkommen anders schwingt als in Hochdeutsch. Ein mit mir befreundeter Schweizer Trainer zur Dialektreduzierung erklärte mir, dass die grammatikalische Umstellung für seine Klienten weit weniger belastend sei als die emotionale. Man fühlt sich eine gewisse Zeit lang in seiner Identität bedroht, denn die eigene Stimme hat nicht mehr die gewohnte Schwingung, fast wie beim Sprechen einer Fremdsprache.

Ein weiteres Beispiel für die Macht der Stimme beziehungsweise der Wirkung, die ihre Schwingung auf uns ausübt, kann man mit DVDs erleben, denn in aller Regel hat man dort die Möglichkeit, von der synchronisierten deutschen Fassung auf die englische Originalsprache umzuschalten. Wenn man einen Film beispielsweise einmal in Deutsch gesehen hat und dann beim nächsten Mal in Englisch schaut, ist man vollkommen fassungslos, wie anders der Film in der Originalsprache wirkt. Das liegt daran, dass ein Schauspieler einen entscheidenden Teil seiner Wirkung und seines Charismas durch die Schwingung seiner Stimme erzielt. Bei kommerziell orientierten Schauspielern ist das Aussehen wichtiger, bei Charakterdarstellern ist es die Stimme. Die wesentliche Kunst großer Schauspieler besteht darin, in jedem Moment vollkommen authentisch zu wirken, die Rolle nicht zu »spielen«, sondern die Rolle zu »sein«. Ob der Schauspieler die Rolle glaubwürdig verkörpern kann, liegt neben der Mimik vor allem an seiner Stimme. Wir alle wissen ja, wie ein

Mensch klingt, der das lebt, was er sagt, daher haben wir einen inneren Maßstab für Authentizität und bemerken, ob ein Schauspieler seine Rolle abliest oder ob er sie wirklich »verkörpert«. Dies ist auch der Grund, warum manche Weltklasse-Filme in der deutschen Fassung nur noch mittelmäßig sind: Die Originalschauspieler waren vollkommen inspiriert und glaubwürdig, die Synchronsprecher dagegen unter Zeitdruck und Stress. Am deutlichsten wurde diese Diskrepanz bei dem Film *Once upon a Time in the West,* dem schon mit dem deutschen Titel *Spiel mir das Lied vom Tod* Gewalt angetan wurde und der vom Synchronstudio regelrecht verstümmelt und entstellt wurde. Dies soll keineswegs heißen, dass man Filme nicht großartig synchronisieren kann, denken Sie nur *Das Leben des Brian* von Monty Python oder *Tanz der Vampire* von Roman Polanski, die in Deutsch der englischen Fassung in nichts nachstehen. Es bedarf einer ganzen Menge Einfühlungsvermögen und Können, um die Schwingung einer Stimme nachzuahmen, und dies braucht Zeit, Liebe und Respekt vor dem Originalwerk, genauso wie es beispielsweise bei der Übersetzung großer literarischer Werke ist.

So wie den Schauspielern geht es uns allen in jenem Schauspiel, das wir unseren »Berufsalltag«, unsere »Karriere« oder unser »soziales Leben« nennen. Die fundamentale Frage ist, ob wir von unserer Umgebung als authentisch und glaubwürdig wahrgenommen werden, denn das entscheidet in hohem Maße über Erfolg, über Partnerschaft und langfristig über unseren sozialen Status. Um authentisch zu werden, müssen wir lernen, uns so anzunehmen, wie wir sind, ich denke, das ist jedem von uns klar. Um diese Atmosphäre der Selbstannahme dann auch auf unsere Umwelt auszustrahlen, müssen wir lernen, die seit der Kindheit antrainierten Verkrampfungen und Blockaden in unserer Stimme zu lösen. Da wir uns nichts antrainieren können, geht es eigentlich nicht darum, die Stimme zu verändern, sondern eher darum, ihr wieder zu ihrem natürlichen Klang zu verhelfen. Es ist nicht nötig, etwas dazuzulernen, sondern uns zu erinnern, wie unser Körper sich in der Kindheit anfühlte, bevor wir gelernt haben, unsere Stimmbänder zu verkrampfen und unseren Hals einzuengen. Ich möchte Ihnen im Folgenden zwei Methoden vorstellen, die sich in meinem Leben bewährt haben und die ich seit vielen Jahren in Seminaren weitergebe.

Freies Schreiben, Lesen und Selbstdialoge

Um die äußere Stimme zum Fließen zu bringen, ist es zunächst einmal wichtig, unsere innere Stimme zu befreien. Ich persönlich benutze zu diesem Zweck seit 25 Jahren die Technik des freien kreativen Schreibens. Das freie Schreiben kennt keinerlei Vorgaben, Regeln oder Maßstäbe, es lebt von der Spontaneität und Kreativität, die im Augenblick fließen, und es erlaubt allen Formen unseres Selbstausdrucks, an die Oberfläche zu kommen. Man erlebt, dass sich Seite um Seite wie von selbst füllt, ohne Mühe und sogar ohne Nachdenken. Die wichtigste Regel besteht darin, es als Hier-und-Jetzt-Ritual zu betrachten und sich bewusst zu machen, dass diese Notizen für absolut niemanden als für einen selbst bestimmt sind. Eine weitere Regel besagt, dass alles, und das heißt wirklich alles, ein Recht darauf hat, an die Oberfläche zu steigen und aufgeschrieben zu werden, auch abgelehnte oder gar verabscheute Themen. Es ist ein gutes Zeichen, wenn Sie lieber Ihr Auto verschenken würden, als Außenstehende Ihre Notizen lesen zu lassen. Ob Sie die Texte lieber handschriftlich festhalten oder in einen Rechner tippen, ist unerheblich, zunächst einmal geht es um die emotionale Entlastung, die man durch das freie kreative Schreiben erreichen kann.

Als Musiker habe ich eine grundlegende Erfahrung gemacht: Alles, was ich mit der inneren Stimme kann, kann ich auch mit der äußeren. Wenn ich während meiner Studienzeiten besonders komplizierte Noten vor mir hatte, versuchte ich nicht, sie gleich mit den Stöcken auf den Pauken zu spielen, sondern sie zunächst mit der inneren Stimme oder leise flüsternd durchzugehen. Dies brachte mich Jahre später auf die Idee, dies auch mit dem Selbstdialog zu versuchen. Wenn ich meinen mentalen Lärm aufschreiben kann, müsste ich doch auch im Stande sein, ihn leise vor mich hin zu sprechen und in besonders brisanten Situationen auch laut zu sprechen, denn was, so dachte ich mir, kann befreiender sein, als jene Themen zu verbalisieren, die im Inneren brodeln und gären?

Wenn man das freie Schreiben eine Zeit lang geübt hat, ist man tatsächlich im Stande, diesen inneren Dialog auch flüsternd oder sprechend zu führen. Ich habe in meinem Leben niemals etwas kennen gelernt, das die Stimme und die dazugehörigen Stimmungsblockaden so effektiv lösen kann. Ich kann gar nicht genau sagen, woran dies liegt, gehe aber davon aus, dass unsere Stimmbänder, ähnlich wie unsere Mimik, so genannten Mikrobewegungen unterliegen, also minimalen Bewegungen, die trotzdem eine große Wirkung auf unser gesamtes Nervensystem und unsere emotionalen Impulse ausüben. Wenn ich brisanten, anrüchigen, unangenehmen und anderen bis zu diesem Zeitpunkt verdrängten Themen erlaube, ausgesprochen zu werden, löse ich damit möglicherweise unbewusste Ängste und Verspannungen, die sich in meinen Stimmbändern eingenistet hatten.

Ich fand es immer bemerkenswert, dass in unserer relativ kontrollierten und rational orientierten Kultur jede Form von Selbstgesprächen als eine Vorstufe des Wahnsinns gelten, während in anderen Kulturen Selbstgespräche als relativ normal und harmlos eingestuft werden. Es ist natürlich nicht ideal, wenn man Selbstgespräche in der Gegenwart von anderen Menschen führt, aber wenn man allein ist, halte ich sie nicht nur für harmlos, sondern auch für sehr gesund und entlastend. Es ist auch ein äußerst befreiendes Gefühl, laut zu seufzen, lange auszuatmen und dabei einen Seufz- und Stöhnton schwingen zu lassen, und es ist eine wunderbare Sache, regelmäßig zu grunzen. Wir sehen dies an Tieren, beispielsweise an Hunden, die jede Möglichkeit der Entlastung nützen. Und wir sehen daran auch, dass es eigentlich das Natürlichste der Welt ist, unsere Stimme auf diese vielfältigen Arten schwingen zu lassen. Vor allem ist diese Form des Stimmausdrucks der erste Schritt zu einer befreiten und damit natürlich klingenden Stimme.

Die verrückte Stimme

Wenn ich diese Übungen in Selbsterfahrungsgruppen anbiete, gibt es in aller Regel zwei unterschiedliche Reaktionsmuster: Die einen genießen das Seufzen, Stöhnen und Grunzen und erleben es als befreiend; die anderen trauen sich nicht, aus sich herauszugehen, empfinden diese Klänge als peinlich und lächerlich und fangen dementsprechend an, allerlei Witzchen und Blödeleien zu inszenieren, fallen also in pubertäre Verhaltensmuster zurück. Das Kichern und Blödeln ist in diesem Fall ein Selbstschutz, denn es wird sehr intim, wenn wir den Klang unserer Stimme frei schwingen lassen. Wir alle konnten es jedoch als Kinder und haben es erst durch Konditionierung im Laufe unserer Erziehung verloren, können es also jederzeit mit etwas Mut wieder hervorholen.

Der nächste Schritt besteht darin, das Spektrum der Stimme zu erweitern, und das kann man erreichen, indem man ihr neue Erfahrungen zukommen lässt. Ähnlich wie bei unserem Gehirn nutzen wir auch das Potential unserer Stimme nur zu einem sehr geringen Teil, in aller Regel zu weniger als zehn Prozent. Unsere Stimme hat alle Fähigkeiten, die wir brauchen, um in der Wildnis, in der Wüste, im ewigen Eis und im Regenwald zu überleben, denn diese Erfahrungen sind in unseren Zellen als evolutionäres Erbe gespeichert beziehungsweise Teil unseres kollektiven Unterbewusstseins. In der Wildnis müssen wir über weite Entfernungen rufen, im ewigen Eis vor uns hin brummen, um den Halsbereich warm zu halten, in der Wüste Mantras sprechen, um angesichts der ungeheuren Leere bei Verstand zu bleiben, und im Regnwald ist es notwendig, verschiedene Tierstimmen nachzuahmen. Unser Körper neigt dazu, sich am wohlsten zu fühlen, wenn wir sein Potential ausnutzen, beispielsweise indem wir uns regelmäßig bewegen und unser geistiges Potential ausschöpfen.

Die Stimme wird in diesem Punkt in Europa weitgehend ignoriert, und ganz folgerichtig gelten wir Mitteleuropäer als verklemmt und emotional blockiert. Nach zwei Jahren Studium in Puerto Rico erlebte ich beispielsweise in Süddeutschland einen waschechten Kulturschock, der einige Wochen andauerte. Es war weniger die Sprachumstellung, die mir zu schaffen machte, sondern vor allem das Fehlen der täglichen Kommunikation wie Rufen, spontanes Singen, gemeinsames Lachen, herrlich entspannende Schwätzchen mit fremden Menschen zu jeder Gelegenheit, Mitsingen zu Salsa-Musik in Cafés, Bussen, Einkaufscentern und in Autos. Ich hatte mich an ein Leben voller Ausdruck gewöhnt und musste erst einmal lernen, mich an den Druck zu gewöhnen, unter dem mein Leben ohne diesen Ausdruck nun wieder stand. Dann jedoch fasste ich den Entschluss, mich mit dieser Situation nicht so ohne weiteres abzufinden. Mir war natürlich bewusst, dass es wenig Aussicht auf Erfolg hat, wenn man versucht, sich in Deutschland wie ein Puerto-Ricaner oder Brasilianer zu verhalten, denn selbst diese müssen sich an die europäische Mentalität anpassen. Dann fragte ich mich, ob das, was in Südamerika und der Karibik zum ganz normalen Sozialverhalten gehört, vielleicht als therapeutisches System auf unsere Kultur übertragbar wäre, zunächst nur für mich. Ich hatte große Angst davor, im Laufe der Zeit wieder genauso gehemmt und emotional blockiert wie vor meinem Studium zu werden, ich befürchtete, dass ich im Laufe der Zeit wieder das annehmen würde, was in Deutschland als normal eingestuft wurde, schließlich hatte ich ja auch in Puerto Rico nur das Verhalten angenommen, das dort als normal galt. Diese Überlegung hatte auch eine berufliche Dimension, denn ich war nicht nur aufgrund meiner technischen Fähigkeiten erfolgreich, es lag auch daran, dass ich auf der Bühne jederzeit in einen spontanen Lachanfall ausbrechen konnte, allerlei Blödsinn machte, frei und ungezwungen mit den Menschen im Publikum kommunizieren konnte und jederzeit bereit war, spontan zu singen. Kurz gesagt: Ich verhielt mich keineswegs typisch deutsch, und ich ging davon aus, dass die Menschen auch nicht den Konzerteintritt bezahlten, um einen verklemmten Percussionisten zu sehen. Gerade von diesem wurde erwartet, die südamerikanische Mentalität zu verinnerlichen und in seinem Trommelspiel auszudrücken. Dass ich dazu fähig war, verlieh mir einen gewissen

Exotenstatus und erhöhte meine Marktwert beträchtlich, ich war der einzige deutsche Percussionist in München, der in rein südamerikanischen Bands spielte und dort auch akzeptiert wurde.

Um mir diese Spontaneität also zu erhalten, musste ich versuchen, mir ein tägliches Ritual zu schaffen, in dem dieser Teil meines Wesens leben darf – das schien mir die Lösung zu sein. Als ideale Möglichkeit erwies sich zunächst das Autofahren und die tägliche Zeit im Übungsraum, später aber auch jede andere Gelegenheit, bei der ich allein war. Das Ritual bestand darin, alles auszudrücken, was raus wollte, ich fluchte über einen Konzertveranstalter und erklärte ihm umständlich auf Spanisch, warum er ein solcher Idiot sei, dann erklärte ich mir selbst auf Englisch, dass ich der Idiot sei und endlich mal Eigenständigkeit lernen müsse, und daraus entstand ein Lied, in dem ich immer wieder denselben Satz wiederholte: »Es ist egal, was ich mache, solange ich über diesen Mistkerl lache«, und irgendwann begann ich zu kichern und zu lachen, zu grölen und so weiter. Nur der Anfang dieser Ausdruckstherapie-Einheiten war mühsam, wenn ich die ersten Hemmungen überwunden hatte, begann es ganz von selbst zu fließen, ich musste mich dann eher bemühen, nach den Einheiten wieder schön verklemmt zu werden. Auf diese Weise konnte ich mir einen guten Teil meiner Ausdrucksfähigkeit erhalten, und meine kontinuierlichen Erfolge auf der Bühne, mit denen ich seit dieser Zeit beschenkt werde, hängen ganz wesentlich mit diesen Übungen zusammen. Denn ich habe durch sie die Fähigkeit entwickeln können, bei Konzerten entspannt, spontan und gegenwärtig zu sein. Es ist nicht die Technik, die auf der Bühne über die Wirkung, das Charisma als Künstler entscheidet, es ist die Gegenwartsfähigkeit, die sich dann in Gelassenheit und Spontaneität äußert.

Als ich begann, diese Übung auch in Selbsterfahrungsgruppen weiterzugeben, stieß ich auf eine weitere Wirkung: jene auf unser Immunsystem. Unser Immunsystem liebt den freien Ausdruck, vor allem, weil dieser einen Zustand der totalen Gegenwärtigkeit mit sich bringt, ein Zustand des totalen Im-Körper-Seins.

Um mit dieser Übung zu beginnen, ist nur eine Vorraussetzung unbedingt notwendig: Sie sollten allein sein. Sie finden am leichtesten in den stimmlichen Ausdruck, wenn Sie zunächst bewusst versuchen, möglichst absurde Stimmen, Töne, Grunzer, Lacher und alle anderen Ausdrucksformen, welche aus Ihrem Inneren herausdrängen, entstehen zu lassen. Wie bei allen anderen Übungen ist Quatschi zunächst Ihr größtes Problem, aber Sie können natürlich auch einen Dialog mit Quatschi beginnen, das mag er gar nicht gern, er wird sich bald zurückziehen. Wenn Ihnen die Ideen ausgehen sollten, denken Sie einfach daran, wie es als Kind war zu spielen: Man kann vor sich hin brabbeln, dann ist man im Amazonas und macht Tierstimmen nach, dann ist man ein Innuit und jagt durch ein Loch im Eis einen Fisch und friert erbärmlich dabei, und dann beginnt man dem Fisch, der noch nicht angebissen hat, von seinen Partnerschaftsproblemen zu erzählen. Man verhält sich »verrückt«, um in unserer emotional blockierten Gesellschaft »normal« zu bleiben. Dies war übrigens ursprünglich einmal die Idee des Faschings, man hatte erkannt, dass es einen Rahmen für freien Ausdruck und Verrücktheiten im Leben eines jeden Menschen geben müsse, und dabei spielten der Alkohol und erst recht die institutionalisierte Fröhlichkeit, die wir heute kennen, kaum eine Rolle. Der Fasching war vor allem eine Zeit, um »verrückt« zu spielen. Es kann das Leben eines Menschen enorm bereichern, solche Verrücktheitsrituale in sein Leben zu integrieren, und es ist eine hervorragende Methode, unserer Stimme zu ihrem natürlichen Fluss zu verhelfen.

Mantras als Stimmbildung

Eine uralte japanische Zen-Weisheit lautet: »Es ist nicht so wichtig, was man macht, sondern wie man es macht.« Nach meiner Erfahrung trifft dieser Satz auch auf das Singen zu. Wenn man gelernt hat, mit dem Singen seine Stimme zu befreien, wenn man seinen natürlichen Ausdruck gefunden hat, ist es nicht mehr so wichtig, was man singt, es geht dann vor allem um die Fähigkeit, gegenwärtig zu sein und zu schwingen.

Mantras haben den Vorteil, dass man durch die ständigen Wiederholungen schnell in Entspannungs- und Trance-Zustände rutschen kann, allerdings nur, wenn man ein Mantra über längere Zeit durchhält, wie es beispielsweise in Indien vollkommen normal ist. Mantras sind für unsere Stimme nicht aus sich heraus gut, es liegt an unserer Bewusstheit, ob diese Saat in unserer Stimme und unserer Seele aufgeht. Vor allem in Asien gibt es sehr spirituelle Konzepte für den Umgang mit Mantras, die ich selbstverständlich respektiere und bewundere. Ich denke aber, dass diese Konzepte nur für Asien wirklich wirksam sind, ebenso wie die spirituellen Konzepte Brasiliens und Afrikas. Wenn man in Mitteleuropa lebt, gelten andere Gesetze, und wie ich schon am Beispiel meiner Erlebnisse in Puerto Rico deutlich zu machen versucht habe: Man ist in einem solchen Land gewissermaßen ein anderer Mensch. In Indien ist es die normale und gesunde Handlungsweise, die Haustür offen stehen zu lassen, damit der kühlende Wind durch die Räume wehen kann. In Deutschland ist es gesund, die Haustür zu schließen, damit man nicht erfriert. Solche Verhaltensregeln färben selbstverständlich auf die Mentalität, das Gefühlsleben und die religiösen Empfindungen eines Menschen ab. Mein guter Freund Hannes Schweiger, der so wie ich Musiker ist, hat einige Zeit in Indien gelebt und beschrieb mir oft, wie leicht es dort war, einen spirituellen Weg mit dem Schwerpunkt auf Meditation und seelischem Wachstum zu gehen. Die materiellen Sorgen waren dort minimal, er konnte sich das Wenige, das er brauchte, jederzeit mit seiner Musik verdienen, und er hatte viele Gelegenheiten, ganze Nächte hindurch in Tempeln gemeinsam mit hunderten anderer Menschen zu meditieren und Mantras zu singen.

Ich würde sagen, dass vor allem für unseren Kontext hier im Westen gilt: Ein Mantra ist immer nur so »gut« und wirkungsvoll, wie es das Bewusstsein desjenigen zulässt, der es rezitiert. Man kann seinem Selbstfindung-Ansinnen mit Mantras auch schaden, vor allem, wenn man es dazu missbraucht, anstatt den authentischen Klang der eigenen Stimme zu entdecken, einen »heiligen

Singsang« anzustimmen, und damit einen Bewusstseinszustand nachzuahmen, den man gar nicht sein Eigen nennen kann. Vielleicht kennen auch Sie Menschen, die immer sehr sanft und bewusst sprechen, und dies sehr oft über spirituelle Themen. Man hört am zu sanften und nur scheinbar heiligen Klang der Stimme, dass dieser Mensch noch nicht zu seinem authentischen Wesen gefunden hat. Es ist zwar – zumindest für meine Ohren – nicht so unangenehm wie ein lauter und aggressiver Dialektsprecher, aber so richtig »stimmig« wirkt dieser Mensch einfach nicht. Deshalb rate ich stets dazu, die Religion und Spiritualität erst einmal wegzulassen und sich ganz auf das Singen zu konzentrieren.

Um ein Mantra wirklich wirksam werden zu lassen, sollte man es ungefähr 30 Minuten lang singen. Natürlich kann man die Dauer als Teilnehmer einer Selbsterfahrungsgruppe nicht beeinflussen, aber zuhause hat man alle Möglichkeiten. Mit der Gitarre verlangt es ein wenig Übung, weil einem möglicherweise am Anfang die Finger wehtun können, bei einer CD braucht man lediglich auf die Repeat-Taste zu drücken, dann fängt das Stück wieder von vorn an. Das »Durchsingen« der gleichen Melodie und des gleichen Textes ist vor allem im Zusammenhang mit unserer neuronalen Vernetzung sehr wichtig, aber auch die Gamma-Wellen haben durch diese Methode eine Chance, zur Wirkung zu kommen. In Indien sagt man, man könne durch das lange repetitive Singen die Muster des Wollens und des Egos allgemein allmählich abstreifen. Ich denke, dass dies auch ziemlich genau den Erkenntnissen der Gehirnforschung entspricht.

Der Nachteil an dieser Methode ist, dass sie lange nicht so viel Spaß wie ein abwechslungsreicheres Singen macht, man muss da zunächst einmal durch, und das kann sehr motivierend, aber auch sehr anstrengend sein. Trotzdem gibt es nach meiner Erfahrung keine effektivere Methode der Stimmbildung, vor allem, weil das Denken und damit Werten bei dieser Methode kaum eine Chance hat. Ich habe oft erlebt, dass ich mich weigerte, im

Moment anzukommen, wenn ich wusste, dass ich nur eine Stunde Zeit zum Singen hatte. Wenn ich aber eine CD aufnehme und mir bewusst bin, dass ich mit Sicherheit über zehn Stunden lang singen werde, und dies auch während der nächsten Monate immer wieder, komme ich ohne Probleme im Moment an, ich bin dann einfach nur froh, nicht über die Zukunft nachdenken zu müssen. Mit dieser Dynamik trickst man sich gewissermaßen selbst aus, beziehungsweise Quatschi und den mentalen Lärm.

Wenn ich jedes Mantra nur fünf Minuten lang singe, kann ich während des einen immer schon an das nächste oder vorhergehende denken. Wenn ich aber weiß, dass jeder dieser Versuche unweigerlich in Frustration enden muss, weil es ohnehin keine Abwechslung gibt, werde ich mir höchstwahrscheinlich erlauben, anzukommen und meine Stimme wird lernen, entspannter und gelöster zu singen. Genau nach diesem Prinzip lernt man auch in Brasilien oder Kuba die Musikinstrumente: Man spielt immer denselben einfachen Trommelrhythmus oder singt dieselbe Gesangsfigur – stunden- und oft sogar nächtelang. Abgesehen davon, dass man den Rhythmus danach mit Sicherheit spielen kann, hat man seinen Gehirnstoffwechsel unterstützt beziehungsweise sein Bewusstsein erweitert, was im Grunde genommen dasselbe ist.

Um beim Mantra-Singen keinen Perfektionismustrip aufkommen zu lassen, sollten Sie darauf achten, zwischendurch nach Herzenslust zu stöhnen und zu grunzen, sich zu räuspern, einen Schluck Tee zu trinken, zu fluchen und zu jammern, zu drohen und Liebeserklärungen abzugeben, um dann wieder zum Gesang und zum Mantra zurückzukommen. Wenn Sie diese Übung regelmäßig durchführen, haben Sie eine der wirkungsvollsten Eigentherapien in der Hand und sind im Stande, gut für sich zu sorgen, gleichgültig ob in Krisensituationen oder als Unterstützung auf dem Weg, die eigenen Grenzen zu erweitern.

Zu den Mantras auf der beiliegenden CD

Alle Gesänge auf der CD stammen von CDs aus dem Rhythmusverlag, wurden jedoch speziell für diese Buch-CD nachbearbeitet und verändert:

1. Indianischer Gesang
Dieser Gesang kann zunächst mitgesummt und dann später gesungen werden. Da es keinen Text gibt, ist es recht einfach, damit zu beginnen.
(Gesungen/Komponiert: Werber/Fried von der CD *Planetenrhythmen*)

2. Hey Ram Jay Ram Jay Jay Ram
Dieses traditionelle indische Mantra kennen Sie bereits aus dem Buch, es ist ein klassisches Vergebungs-Mantra.
(Gesungen: Werber/Fried und Chor, Komposition: Traditionell, von der CD *Mantras der Welt 2*)

3. Bata
Bei diesem Mantra aus dem kubanischen Santeria-Kult gibt es auch so gut wie keinen Text, man kann hier besonders gut den energiegeladenen Aspekt der Mantras entdecken.
(Musik: Werber/Fried, Komposition: Traditionell, von der CD *Santeria*)

4. Haje Hame
Dieses Mantra stammt aus dem Senegal, es ist die Bitte des Schamanen um Regen, bedeutet aber auf unsere Kultur übertragen die Bitte um Schutz und Hilfe, es ist also ein Hoffnungs-Mantra.
(Text und Musik: traditionell, gesungen von Werber/ Fried, von der CD *Mantras der Welt 2*)

5. The river ist flowing

Ein traditionelles irisches Hoffnungs-Mantra, es entspricht auch ein bisschen der Idee des indischen Gottes Shiva – er ist der große Zerstörer, der Altes auflöst und somit Neuem Platz schafft, das Leben ist im Fluss.

Der Text lautet: The River is flowing, flowing and growing,
the River is flowing back to the Sea,
Mother Earth carry me, thy Child I will always be,
Mother Earth carry me, back to the sea.

(Text und Musik: Traditionell, gesungen von Werber/Fried, von der CD *Mantras der Welt 2*)

6. Om mani padme hum

Ein traditionelles tibetisches Mantra, das Sie auch im Text kennenlernen, hier mit Originalaufnahmen aus einem nordindischen Tempel.

(Musik/ Text: traditionell, gesungen von Bruce Werber und Dön Rinnpoche Lamsa, von der CD *Mantras der Welt 2*)

7. Halleluja

Ein christliches Mantra des Dankes, siehe auch Text im Buch.

(Text: traditionell, komponiert und gesungen von Werber/Fried und Chor, von der CD *Mantras der Welt 2*)

8. Cumbeleo eta

Dieses Mantra stammt ursprünglich aus Sao Tome und könnte als Loslass-Mantra bezeichnet werden, es geht um Abschied und die Hoffnung auf ein Wiedersehen, auch hier besteht eine Parallele zum indischen Gott Shiva.

(Text: traditionell, komponiert und gesungen: Werber/Fried, Sologesang: Dider Delia, von der CD *Songs and Mantras for the Heart*)

9. Halleluja I am alive

Einer unserer Versuche, mantrischen Gesang mit einem Song zu verbinden. Der erste Teil erzählt von dem Weg aus der Dunkelheit, der Refrain ist deutlich länger als üblich, damit man ihn als Mantra singen kann.
(Text, Komposition und Gesang: Werber/Fried, der CD *Songs und Mantras for the Heart*)

10. Kyrie eleyson

Die Bitte um Schutz und Hilfe, *kyrie eleyson* wird traditionell auch mit »Herr erbarme dich« übersetzt.

Der Text hier lautet: Oh Lord be gracefull on my Life,
please don't let me fall
kyrie eleyson.

(Text: traditionell, komponiert und gesungen: Werber/Fried, von der CD *Songs and Mantras for the Heart*)

11. Nadscho

Dieses Stück offenbart sich erst nach einer gewissen Zeit als Mantra, es handelt von der afrikanischen Misere in Sierra Leone und den Kindersoldaten. Der Refrain lautet (in Wortsprache): »A kumdesen nawadscho, osee nanadschoo«, was sich in etwa so übersetzen lässt: »Eines Tages werdet ihr frei sein.« Dieses Stück drückt einiges von meiner Betroffenheit nach Westafrika-Reisen aus, es ist auch ein Hoffnungs-Mantra.
(Komponiert und gesungen: Werber/Fried, von der CD *Trommeln für den inneren Krieger*)

12. Cäsaria

Eine traditionelle mazedonische Melodie, die als eine Art Ausklang gedacht ist, das allmähliche sich Verabschieden vom Singen.
(Komposition: traditionell, gesungen von Claudia Fried, von der CD *Songs and Mantras for the Heart*).

Alle genannten CDs sind im www.Rhythmusverlag.de erschienen.

Schlussbetrachtung

Fast jeder von uns hat vermutlich im Laufe seines Lebens die Erfahrung gemacht, dass man nicht missionieren kann, dass es sinnlos ist, sein Umfeld von den eigenen Wahrheiten überzeugen zu wollen. Für den einen Menschen ist das Heilfasten eine echte Offenbarung, doch als er seinen Partner endlich so weit hat, dass er es auch tut, wird der krank. Der eine entdeckt das Mandala-Malen für sich, der Partner steht fassungslos daneben und versteht nicht, was daran bewusstseinserweiternd sein soll. Wir nehmen unsere Individuation auch in der vollkommen verschiedenartigen Wirkungsweise spiritueller, medizinischer und psychotherapeutischer Methoden auf uns wahr. Aus diesem Grund ist jedes System, das Anspruch auf Allgemeingültigkeit erhebt, unseriös. Man muss akzeptieren, dass das, was einem selbst geholfen oder gar das Leben gerettet hat, nur für einen gewissen Teil der übrigen Welt geeignet ist. Und vor allem darf man die eigenen Überzeugungen und Selbsthilfemethoden seinen Mitmenschen nicht aufdrängen, egal in wie guter Absicht.

Dies gilt auch für den Humor: Ich habe den Fehler gemacht, an unserem niederbayrischen Reiter-Stammtisch, bestehend aus einigen bodenständigen Einheimischen, die gemeinsam mit meiner Partnerin Ausritte unternehmen, meinen Lieblingswitz zu erzählen. Ich erntete nur einige müde Grimassen, ich hatte ganz offensichtlich eine unmarkierte Grenze überschritten. Als ich den gleichen Witz, durch diese Erfahrung bereits etwas ernüchtert, einige Wochen später einer fröhlichen Runde nach einem unserer Konzerte erzählte, erntete ich minutenlanges Lachen. Wir können auch unseren Humor niemandem aufdrängen und müssen die psychologische und soziale Verschiedenheit der Menschen akzeptieren, denn auch Humor hat soziale Regeln und ist Teil der seelischen Befindlichkeit eines Menschen. Wollen Sie jetzt wissen, wie der Witz geht? Ich gehe das Risiko ein und erzähle ihn hier noch einmal: Nach einem verlängerten Wochenende treffen sich zwei Therapeuten einer Gemeinschaftspraxis und plaudern ein bisschen. »Wie war dein Wochenende?«, fragt der eine. »So lala«, antwortet der andere, »es hätte besser laufen können.« »Was war denn los?«, fragt der erste nach. »Nun ja«, entgegnet der zweite, »ich war bei meiner Mutter zum Essen eingeladen und zunächst lief auch alles recht gut«, sagte er. »Dann hatte ich Lust auf Kartoffelsalat und wollte eigentlich sagen: Mutti, kannst du mir bitte den Kartoffelsalat rüberreichen? Aber gesagt habe ich: Du blöde Kuh hast mein Leben versaut!«

In meinem Leben sind es vor allem die Mantras der Philosophen, die mir Kraft geben, Friedrich Nietzsches »Werde, der du bist« oder Paul Watzlawicks »Doppelt so viel ist nicht zweimal so gut«. Doch die Lösung von heute ist das Problem von morgen, und in vielen Fällen wird die Lösung selbst zum Problem, also auch das Mantra. Mantras sind demnach keine Patentlösungen und sie sind nicht für jeden Menschen geeignet. Nur weil ich mich mit ihrer Hilfe mehrere Male aus dem Sumpf ziehen konnte, bedeutet dies nicht zwingend, dass Sie dies auch können. Allerdings gibt es nur einen Weg, dies herauszufinden: es ausprobieren und Erfahrungen machen. Ich habe oft erlebt, dass Menschen, die mich nicht kannten und mir wohlmöglich auch nicht so recht vertrauten, den Mantras ziemlich ablehnend gegenüberstanden, beispielsweise im Rahmen von Fastenseminaren mit Ruediger Dahlke. Wenn diese Menschen dann jedoch im Verlauf des Kurses seelische Krisen durchlebten, probierten manche von ihnen die Mantras aus – und waren danach fast immer erstaunt und fasziniert von ihrer Wirkung. Wer nicht ins Thermalbad geht, kann nichts über den Heilungseffekt dieses Wasser aussagen, wer Yoga nicht kennt, kann nicht sagen, wie es wirkt, und wer Mantras kennen lernen will, muss sie in sein Bewusstsein und seine Seele einlassen. Das theoretische Wissen ist nur ein Einstieg, aber nicht die Erfahrung selbst, um die es bei Mantras geht.

Für mich ist es fast unvorstellbar, dass Mantras jemandem nicht helfen können, einfach deshalb, weil sie mein Leben so ungeheuer bereichert und zeitweise überhaupt wieder lebenswert gemacht haben – aber das ist mein Problem. Wenn es zu diesem Zeitpunkt Ihres Lebens unpassend ist, mit dem Mantra-Rezitieren anzufangen, dann sollten Sie Ihre Intuition respektieren und es gar nicht erst versuchen. Andererseits haben Sie zu diesem Buch gegriffen, was durchaus als ein Wink Ihrer Intuition verstanden werden darf. Wie auch immer: Wenn sich in Zukunft eine Lebenskrise nähert, sind Sie nicht mehr hilflos, Sie kennen jetzt eine mentale Form der seelischen Rescue-Tropfen, die Sie bei sich selbst anwenden können.

Der entscheidende Bewusstseinswechsel des 21. Jahrhunderts wird meiner Meinung nach darin bestehen, dass wir die eigene Verantwortung für unser Leben und unsere Wirklichkeit erkennen und damit mentale Techniken – wie beispielsweise das Mantra-Sprechen – wiederentdecken können. Dabei ist es nicht die Methode, es ist unser Bewusstsein, das darüber entscheidet, ob unser Leben reicher und glücklicher wird.

»Was ist Glück?«, wurde ein japanischer Zen-Meister von seinen Schülern gefragt. »Die Fähigkeit, präsent zu sein und ganz im gegenwärtigen Moment aufzugehen«, entgegnete dieser. »Warum ist es so schwer, dies zu erlernen?«, fragten die Schüler nach. »Weil es keine Frage des Schicksals, sondern eine Frage der Übung ist. Ihr habt bisher das Unglücklichsein geübt und seid jetzt sehr gut darin. Erst wenn ihr das Glücklichsein ebenso viel geübt habt wie das Unglücklichsein, wird euer Leben sich zum Besseren wenden.« »Wie können wir das Glücklichsein üben«, fragten nun die Schüler. »Das Glück wartet in jedem Moment auf euch, ihr müsst nur lernen, es in euer Inneres einzulassen. Das tut ihr am besten, indem ihr das Glück beim Namen nennt. Es ist der Name eines guten Freundes, den ihr bittet, euer Haus zu betreten.«

Danksagung

Ich danke dem Verlag für seine Unterstützung, besonders Birgit Lebek für ihre Ideen und Motivation und meiner Redakteurin Diane Zilliges für ihre Geduld und kreativen Anregungen.

Über den Autor

Bruce Werber (geb. 12.2.63 in Locarno)
Studierte klassische Percussion, weiterführende Studien waren:

- Puerto Rico, wo er zwei Jahre Rhythmuswissenschaften bei Chachette Maldonado studierte
- Cuba, wo er mit Amado Valdez (Buena Vista Social Club) zusammenarbeitete
- Brasilien, wo er Samba-Rhythmen studierte
- West Afrika, wo er die Rhythmen der Madinga studierte

Obgleich erfolgreich innerhalb der Musikszene, führte ihn sein Weg immer wieder zur Rhythmusforschung und Psychologie.

So verbindet ihn eine mehr als sechzehnjährige Zusammenarbeit mit zahlreichen gemeinsamen Veröffentlichungen und Seminaren mit dem Arzt und Therapeuten Ruediger Dahlke.

Außerdem arbeitetet er mit verschiedenen Therapeuten und Filmemachern zusammen.

Er blickt auf über 60 CD-Veröffentlichungen zurück, von denen mehrere Bestseller wurden, spielte an die 500 Konzerte mit verschiedenen Projekten und gilt als einer der führenden Experten für Rhythmusforschung im deutschsprachigen Raum.

Er lebt und arbeitet gemeinsam mit seiner Lebensgefährtin Claudia Fried im Rottal.

Weitere Veröffentlichungen

- Hörbücher:

Leben ist Rhythmus (2004), Mantras als Medizin (2007), Filme als Therapie (2008). Rhythmusverlag

Das große Buch der ganzheitlichen Therapien, mit Willigis Jäger, Bert Hellinger u.v.a. Integral Verlag

- Musik CDs:

Mantras:
Mantras der Welt Teil I (1995) und II (1999), Songs und Mantras for the heart (2002), African Mantras (2008)

Trommeln:
Planetenrhythmen (1994), Trommeln der Welt (1996), Santeria (2002), Shamanic (2003), Trommeln für den inneren Krieger (2007), Basisrhythmen (2007)

Meditation:
Wege nach innen (1995), Trance (1999), Amadinda (2000), Klang der Stille (2002), Tao (2006)

alle Musik CDs sind gemeinsam mit Claudia Fried produziert worden und im Rhythmusverlag erschienen

- Psychosomatische Reihe:

Bruce Werber gestaltete bisher die Musik für 65 CDs für den Arzt und Therapeuten Ruediger Dahlke, die bei Goldmann und Integral erschienen sind.